大家小书

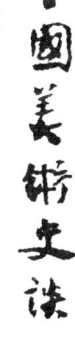

常任侠 著

中国美术史谈

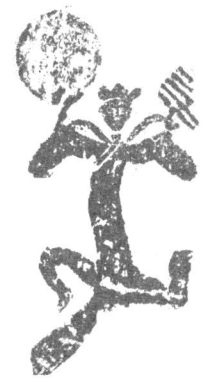

北京出版集团公司
北京出版社

图书在版编目（CIP）数据

中国美术史谈 / 常任侠著. — 北京：北京出版社，2020.3
（大家小书）
ISBN 978-7-200-13523-7

Ⅰ. ①中… Ⅱ. ①常… Ⅲ. ①美术史—研究—中国 Ⅳ. ①J120.9

中国版本图书馆CIP数据核字（2017）第267690号

总 策 划：安 东 高立志　责任编辑：魏晋茹

·大家小书·

中国美术史谈
ZHONGGUO MEISHU SHITAN
常任侠　著

出　　版	北京出版集团公司 北京出版社
地　　址	北京北三环中路6号
邮　　编	100120
网　　址	www.bph.com.cn
总 发 行	北京出版集团公司
印　　刷	北京华联印刷有限公司
经　　销	新华书店
开　　本	880毫米×1230毫米　1/32
印　　张	7.5
字　　数	126千字
版　　次	2020年3月第1版
印　　次	2023年4月第2次印刷
书　　号	ISBN 978-7-200-13523-7
定　　价	46.00元

如有印装质量问题，由本社负责调换
质量监督电话　010-58572393

总　　序

袁行霈

"大家小书",是一个很俏皮的名称。此所谓"大家",包括两方面的含义:一、书的作者是大家;二、书是写给大家看的,是大家的读物。所谓"小书"者,只是就其篇幅而言,篇幅显得小一些罢了。若论学术性则不但不轻,有些倒是相当重。其实,篇幅大小也是相对的,一部书十万字,在今天的印刷条件下,似乎算小书,若在老子、孔子的时代,又何尝就小呢?

编辑这套丛书,有一个用意就是节省读者的时间,让读者在较短的时间内获得较多的知识。在信息爆炸的时代,人们要学的东西太多了。补习,遂成为经常的需要。如果不善于补习,东抓一把,西抓一把,今天补这,明天补那,效果未必很好。如果把读书当成吃补药,还会失去读书时应有的那份从容和快乐。这套丛书每本的篇幅都小,读者即使细细地阅读慢慢地体味，也花不了多少时间，可以充分享受读书的乐趣。如果把它们当成补药来吃也行，剂量小，吃起来方便，消化起来也容易。

我们还有一个用意，就是想做一点文化积累的工作。把那些经过时间考验的、读者认同的著作，搜集到一起印刷出版，使之不至于泯没。有些书曾经畅销一时，但现在已经不容易得到；有些书当时或许没有引起很多人注意，但时间证明它们价值不菲。这两类书都需要挖掘出来，让它们重现光芒。科技类的图书偏重实用，一过时就不会有太多读者了，除了研究科技史的人还要用到之外。人文科学则不然，有许多书是常读常新的。然而，这套丛书也不都是旧书的重版，我们也想请一些著名的学者新写一些学术性和普及性兼备的小书，以满足读者日益增长的需求。

"大家小书"的开本不大，读者可以揣进衣兜里，随时随地掏出来读上几页。在路边等人的时候，在排队买戏票的时候，在车上、在公园里，都可以读。这样的读者多了，会为社会增添一些文化的色彩和学习的气氛，岂不是一件好事吗？

"大家小书"出版在即，出版社同志命我撰序说明原委。既然这套丛书标示书之小，序言当然也应以短小为宜。该说的都说了，就此搁笔吧。

收罗古器写新篇

王 镛

常任侠先生（1904—1996）是中国现代著名的东方艺术史家、艺术考古学家和诗人。1939年至1942年，他在重庆曾任中英庚子赔款董事会艺术考古研究院研究员，与郭沫若、卫聚贤、金静庵、胡小石等人主持重庆江北汉墓发掘，并与滕固、宗白华、商承祚、傅抱石等人组织中国考古艺术史学会。当时他赋诗言志："精研艺史集群贤，文物光辉世界传。此日巴州重聚会，收罗古器写新篇。"此前他曾经东渡日本，在东京帝国大学文学部大学院研究东方艺术史；此后他又西游天竺，在圣蒂尼克坦印度国际大学中国学院讲授中国文化；1949年归国以后，一直在北京任中央美术学院教授。常先生的东方艺术史研究，以古代中国美术为主线，同时串连起中国与印度、日本等亚洲诸国文化艺术交流的脉络，为中外美术交流史研究特别是中印、中日美术交流史研究做出了开拓性贡献。

常先生的《中国美术史谈》，辑录了作者发表在各种报刊上的十几篇文章，以通俗的史话形式论述中国美术发展的历史及其与印度、日本美术的交流。正如作者在《中国书法艺术》一文"后记"中所说："撰写本文的目的，是为了向一般爱好书法艺术的人介绍一些有关的知识，用语力求浅显，因此把引用的古书资料，都给口语化，而且讨论的问题也不能过于繁多细小，这只就纲要性的问题加以叙述，若果能从这里看到书法艺术发展的面貌，看到我们祖国文化遗产中优美的一部分，发生研究的兴趣，这就达到了撰写本文的愿望。"基于同样的旨趣，本书向广大艺术爱好者普及的中国美术史与中外美术交流史知识，提纲挈领，深入浅出，知识面广博而专业性又很强，真可谓"收罗古器写新篇"，以期"文物光辉世界传"。

本书的《中国美术史序论》《认识古典美术　发扬爱国主义》《中国绘画艺术》《中国书法艺术》《中国古舞与古美术》等篇文章，属于简明扼要的中国美术通史大纲。这些文章概述了中国美术演变的历程，作者划分的"古典美术"包括原始艺术、彩陶、殷周青铜器、汉画、敦煌壁画、云冈龙门石刻；中国绘画艺术讨论从原始社会、先秦、汉魏、南北朝、隋唐的绘画到唐以后山水画和花鸟画的发展，兼论中日绘画的关系；中国书法艺术分别介绍楷书、北碑、章草、草书、隶书、篆书的源流和书法家的产生。一般读者通过这些语言浅显、内容丰富的文章，便可以轻松了解古代中国美术的概况和书画艺术的常识，其收获不亚于花费大量时间翻阅大部头的中国美术史专著。把中国古舞与古美术联系起来，是谙熟古代乐舞艺术的作者独具慧眼的发现，也可以拓宽读者欣赏古代美术的审美视野。《重庆沙坪坝出土之石棺画像研究》《汉代经济政治文化思想对于汉画艺术的影响》《甘肃省麦积山石窟艺术》《唐永泰公主墓的两幅壁画》等篇文章，属于考证翔实的艺术考古个案研究，特别是《重庆沙坪坝出土之石棺画像研究》一文具有重要的学术价值。虽然这些文章专业性较强，但作者的论述条分缕析，引人入胜，尤其涉及伏羲、女娲等神话传说及唐代服饰，读来毫不枯燥，饶有兴味。

本书的《佛教与中国绘画》《佛教与中国雕刻》两篇文章，属于中印美术交流史范畴，《中日文化艺术的交流》则属于中日美术交流史范畴。作者系统梳理了汉代、魏晋南北朝、隋唐时期印度佛教艺术东渐中国的历史，以及中国佛教绘画、雕刻本土化的过程。作者全面叙述了汉魏、隋唐、宋元、明清、现代等各时期中日文化艺术交流的盛况，从日本遣唐使到中国留学生，从唐绘到大和绘，从水墨画到狩野派，从明代版画到浮世绘，都体现了中日两国艺术的密切关系。这些文章史料丰富，见解精辟，也说明中国美术的发展不是孤立的，而是在东西方文明互鉴、中外美术交流的大背景中发展。常先生曾说："一个民族的文化，它不是孤立发展的。它需要各民族的合作，互相学习辅助，互相吸收增益。中华民族的文化，在汉唐时期，不断发展前进，其借助于国内和国际各民族合作的智慧力量很大。"作为常先生的学生，在我主编的《中外美术交流史》（中国青年出版社2013年版）中，也参考了常先生关于中印、中日美术交流史的研究成果。

目 录

上编

003 / 中国美术史序论

011 / 美学与美术

020 / 认识古典美术 发扬爱国主义

042 / 中国绘画艺术

075 / 中国书法艺术

121 / 中国古舞与古美术

132 / 佛教与中国绘画

142 / 佛教与中国雕刻

下编

153 / 中日文化艺术的交流

171 / 重庆沙坪坝出土之石棺画像研究

183 / 汉代经济政治文化思想对于汉画艺术的影响

195 / 甘肃省麦积山石窟艺术

201 / 唐永泰公主墓的两幅壁画

210 / 浅谈根的艺术

上编

中国美术史序论

美起于自然,美术却是人加工创造的,其他动物都无此能力。美术的起源,恩格斯归之于劳动,劳动创造了人本身,当然一切人的文化,都是劳动创造的成果,这是永恒的颠扑不破的真理。从猿到人的过程,还有一个半人半兽的阶段。虽然能创造一些工具,但还有兽性的遗迹。如贪婪与狂暴,则需要在人的集体生活中加以克服,一直到成为文明社会,蛮性的遗留仍然不免。其他,如饮食男女,人之大欲;母子之爱,人之常情。爱好自由与保卫自己,这都是为了延续自己与种族的生存;高级动物中,普遍有此性格。从猿到人,延续了这些性格,表现在人的生活中,也表现在人所创造的美术工作中。

从早期人类遗留的战斗武器与饮食用具中,可以看出人战胜了自然,发展了自身,脱离了野兽的生活。从"穴居野处,茹毛饮血,人民知有母而不知有父",就建立了最初级的母系社会。60万年前，周口店山洞中的原始人，大概就是古书中所记的穴居野处的情况。人发现了火，制作了打制的旧石器。到1.9万年前的山顶洞人，生活质量已有提高。除劳动工具外，还制作了装饰用品，学会了使用颜色。这一段从猿到人向前进化的悠久的历史，人所创造的美术已经从蒙昧中开始了。

从公元前6450年至公元前4300年间，大汶口出土的文物有孔玉铲及龙山文化的兽面石锛，这些物件，除可实用外已经加上纹饰，成为艺术品了。在西安发现的半坡村原始人，已脱离了天然的山洞，自营居住房舍，有了建筑艺术的初型。传说中的有巢氏构木为巢，已成神话，只在古建筑中留下了斗拱的遗制，可能是其构木结构形式的残存。从半坡遗址中发现的人面陶塑、狗首鸟尾陶塑、鱼纹陶盆和鹿纹陶盆，表现了早期人类雕塑和绘画的智慧。其中人面鱼纹陶盆，更表现了浪漫和幻想的色彩。古神话中的"伏羲龙身，女娲蛇躯"一直延续到汉唐时代，仍然成为崇拜的画题。在古埃及有狮身人面雕像斯芬克司，在古希腊有马身人面星座齐隆，都是人们幻想出来的半人半兽的物体，一直流传至今。这些作品与人类过去曾经历过的半人半兽的演变阶段，可能是有渊源的。在石器时代，除人所使用的石矛、骨箭头、石箭头、鱼钩、鱼叉、渔网、石坠等渔猎工具之外，还有骨针、骨锥、纺轮、席纹陶钵与布纹陶钵，都说明当时编织与纺织艺术已成为劳动的一部分。

在河姆渡发现了雕刻的骨哨，在山西万荣荆村发现了陶埙。在青海大通上孙家寨发现了舞蹈盆，上绘有3组5人携手踏歌图，这说明了音乐舞蹈艺术与绘画雕刻艺术是齐头并进的。至于河南偃师二里头发现的特磬、安阳武官村发现的虎纹大磬、殷墟妇好墓发现的鹦鹉纹小磬、随县墓发现的编磬，从乐器的演进上，更说明从旧石器向新石器艺术创作的迈进，给我们留下了纪念碑式的遗物。此外彩陶与黑陶的大批发现，玉雕的式样与花纹的争奇斗异，把历史传说时期先民们旺盛的艺术创造精力与丰富的美学思想如画卷般地呈现在我们面前，使我们看到先辈美术史家所不曾看到的许多珍品，这是多么幸运！

然而这多是近年才从地下发掘出来的艺术珍品。由于政治变乱，天灾人祸，更多的文物至今只有其目。嬴政统一中国，把六国的宝器，辇来于秦，楚人一炬，可怜焦土，多少劳动人民的创造，随阿房化为灰烬。楚先王的祠堂、鲁灵光的壁画，都随时光而消亡。两汉以后，国内各族的内讧，又不知破坏了多少珍物。正如张彦远所记："汉武创置秘阁，以聚图书；汉明雅好丹青，别开画室。又创立鸿都学，以集奇艺，天下之艺云集。及董卓之乱，山阳西迁，图画缣帛，军人皆取为帷囊，所收而西七十余乘。遇雨道艰，半皆遗弃。"斯文扫地，令人叹惋。如魏晋的收藏，被焚于寇乱，南朝的书画，被毁于侯景，隋炀所聚，因船覆而沦丧，盛唐文物，至武曌而烧失。此后历世都有破坏。即如近10年的浩劫，又不知公私所藏，损失多少珍贵的东西。所幸尚有许多不易毁灭的宝库，如敦煌、云冈、龙门、麦积山、炳灵寺、克孜尔等石窟，保存了不少雕刻和绘画，为我们研究北魏以来的美术，提供了宝贵的证物。

近百年来，我国文物被殖民主义者和国际资本家劫夺不少。直到新中国成立后，我们的文物才受到国家保护，不再任其散失。特别是最近30年来，我国文物考古工作者做了大量科学发掘工作，在各省、自治区、直辖市，几乎都有丰富的收获。这些辉煌多彩、琳琅满目的地下藏品，多为过去美术史学家所未见。根据这类资料来重新撰写中国美术史，是国内外学术界非常需要的。这里值得提出的是最近张光福同志的《中国美术史》正是在这一坚实基础上完成的一个新成就。他博采近代研究发掘的成果，系统组织，给人一个清晰的、不断发展的中国美术的全貌。尤其可贵的是，他还到各少数民族地区探索研究，把各民族的美术创造交织成一个整体，这是很可取的。

中国过去的美术史家，往往只注意汉族的美术，忽略了其他民族的成就。中国是一个多民族国家，应该看到从古以来各民族文化互相交流的过程。内蒙古长城地带的古匈奴族，大兴安岭的古鲜卑族、蒙古族、鄂伦春族,新疆维吾尔自治区的维吾尔族、哈萨克族,西藏自治区的藏族,云南的彝族、傣族,广西的壮族,贵州的苗族,海南岛的黎族,台湾的高山族,等等,都各有自己的民族艺术特色,但因长期共处交往,互相吸收、影响,有如异花授粉,发展得更为鲜艳。在我们的艺苑中,遂呈百花齐放之观,也丰富了我们美术史的内涵。

每一个时代的美术有其不同的面貌。它与社会、政治和经济因素以及所受外来的影响都有关系。美术是一个时代的形象记录,也就是时代的一面镜子,从中我们可以研究宗教史、风俗史、美学史以及服装史等等。例如《步辇图》,画的是唐代历史事件、人物服装和礼节风仪,只能是当时唐宫的产物,不能移于任何别的时代。又如《韩熙载夜宴图》,所画人物衣冠、服饰器用,以及宴乐歌舞,只能是南唐士大夫的私室生活情态。又如张择端《清明上河图》,画的是北宋汴京的繁盛景象,百工市肆,往来贸易,历历在目。这正是当时汴京社会真实的写照,不能移向别处。这样的名作,正是我们历史的根据,也是画师们仔细观察、精思巧构所留下的业绩,远非草草自抒胸中意气者所可并论。

苏轼说:"论画以形似,见与儿童邻。"这与"传神阿堵"的画法,恰相矛盾。虽然出自著名诗人的议论,也不过是一时兴到之作,不能执为衡量艺术品的尺度。因为诗人文士如杜甫等伟大作家,也有不少赞美工笔神似的篇章。只有形神兼备,才是作画的正轨,如果遗形取神,神将何寄?北宋文人画、写意画与画院派的工师争长短。又以诗、书、画相结合,显文人之所长。至明而此风大长。华亭董其昌倡为南北宗之论,以攻浙派,比附唐宋名画家为南北两派,往往不能自圆其说。当代学者,已有驳辩。但作为文艺思潮史的发展看,仍可略备一说。由于社会的发展有变化,艺术工作者的表现方法也各有不同,并非一成不变,这是可以肯定的。

我国素有书画同源之说,甲骨与钟鼎文字,往往象形类画,此为其源。至汉隶而一变,魏晋而一变,北碑而一变,隋唐而一变,书画分途,艺术各异。唐宋传统,用色彩线条,造型甚工。宋初院画与非院画有黄家富贵、徐熙野逸两派,画家的技法虽不同,但造型技术各有千秋。到了明代,书法喜狂草,绘画尚水墨大写意,一部分人的艺术思潮发生了变化,书画两者又有了共同点。

宋代进入国内各民族的激烈斗争时代。国土分裂,辽、金、元各族起于北边,常有战争。南宋流离迁徙。马、夏画一角残山,寄托故国之思,以此激发情感,为当时所重。元代统治者奴视南人,把知识分子与倡优、乞丐同列,更引起画家兴亡之痛，在艺术上产生了逃世思想。这种抗节不屈，引起人们的尊敬。明清变革之际，出现了一些黄冠野服的隐逸士人，有的逃入山林佛寺。画家中的四僧——八大山人、石涛、石豀、渐江，成了这一时代的典范。他们流转江湖，不谐于俗，自立风格，与院派迥异其趣，艺术上都各有独到之处。画以人重，在气节品格上也受到尊崇。

到清初平定边鄙，扩大了政治势力。宫廷的如意馆受了国外画家郎世宁等影响，制作平定大小金川、热河行宫等图，画法颇具欧风。乾嘉时有扬州八怪新兴画派，为新兴的盐业资本家所爱好，树立与画院对立的画风。清末，上海成了商业的重点，不少画家集中在这个新兴的商业城市中以卖画为生，有京派与海派之分。这时国际资本势力也渗入我国，画坛视商业市场之高低，以定画品高下，操持评论者则为商人。艺术思潮和美学观点，自然受到这种社会变迁的影响。

鲁迅先生于1930年在上海教导青年美术家说：一、不以怪炫人；二、注意基本技术；三、扩大眼界和思想。艺术家应注意社会现状，用画笔告诉群众所见不到的或不注意的社会事件。今天的画家作画，不应限于山水花鸟，而应是再现现代社会的情况于画幅之上。过去有不少人作画，除山水花卉而外，绝少画社会事件，他们更不需要画寓有什么社会意义的画。你如问画中的意义，他便笑你是俗物。这类思想很有害于艺术的发展，我们应当对这类旧思想加以改正。

工人农民看画是要问意义的，文人却不然，因此，文人画每况愈下，形成今天颓唐的现象。19世纪，法国很多画家只在色彩上花工夫，这和中国画家只在山林泉石的构图上花工夫同样错误。"意义"在现代绘画上是一件很重要的事。"或以色彩诱惑读者的虚伪画家，在中国为数不少，别人问作品的内容，他便笑你不懂艺术。因此就有越为少数人欣赏的东西，其价值越高的论调出现。甚至画家自己也无法解释的作品，就是最高的艺术。"（鲁迅在中华艺术大学讲演记录）鲁迅的这一段评论，对今天仍有现实意义。如果画家只以笔墨趣味、色彩趣味自我陶醉，闻不到一点新时代的气息，反映不出新社会的面貌，这是担负不了为人民服务、为社会主义服务的伟大使命的。

美术是宝贵的精神文化，五讲四美，美育有着重要的任务。今天我们为社会主义社会而创作，必然要体现这个新社会的面貌，藻绘我们伟大人民所努力改造过的田野与河山，蓬勃繁茂的森林与蔬果，不断涌现的新人新事、建设成果；激扬我国人民的劳动热情，展现丰富多彩的新画卷，继续写好我国美术史的新篇章，已成为新时代赋予美术工作者的崇高使命。

美学与美术

为了建设我们将来的美好社会，实现我们理想的美好生活，我们来共同研究美学与美术的问题。现在提出我个人一点肤浅的意见，请大家指正。

我们中国人民对于美的认识，是有着悠久传统的。由于我们是一个文化素养很高的文明古国，有丰富的物质基础，培育出独具特色的民族文化，物华天宝，人杰地灵。早在战国时期，著名的思想家、政治家孟轲，就提出"充实之谓美，充实而有光辉之谓大"的命题，进一步丰富了中国古典美学的范畴。比如到果园或市场去选择我们喜欢的苹果，充实硕大、富有光彩，就是我们选取的美的标准。比如我们画静物，选取苹果来画时，总爱选取硕大丰满、色泽瑰丽的苹果，而不愿去拿有疤痕斑点的或生小干瘪的苹果来画，这就是从美的认识去选择。充实就是美，充实而有光辉就更加美，硕大的美果，更受人欢迎。

美是从阳光雨露、土壤养分培养而成的,美是从自然成长的。人认识了美,如何去促进它,完成它,而且更加发展它,这就需要美术。或者说,有了艺术,就可以使它从自然中提高、焕发,更加美丽多姿、辉煌、硕大,更加超乎自然生长的原始状态。

比如我们常画的菊花,今人所画的,就与古人所画的不同,它的色彩形态、美丽多样,远远超过古时,这就是艺术家的加工。菊花是中国的特产,远在周代,《礼记·月令》记载:"鞠有黄华",秋日开放。古籍所记:"甘泉多大菊,饮者皆长寿。"菊又可以入药。到晋代有了艺菊爱好者诗人陶潜,"秋菊有佳色",常入歌咏。因此菊也常常入画,作为人品高洁的象征。

但是古人画菊,多只是单瓣的黄菊,不如现在的富丽多彩。由自然生长的菊花,发展成现在园艺的菊花,这就是艺术的成就。艺字的篆文初型,就是一个人用手栽种植物,正在劳动的姿态。因此说艺术起于劳动,是有理由的,但是"美"却是自然的产品,人从自然中认识了美,用顺应自然的方法,继续加工,更加发展这种美,表现这种美,这就是美术。加进人的劳动智慧,才能顺乎自然而发展它。若是没有人的因素,就不能造成美的世界。许多美的事物，往往都是按照人的目的所造成的美的成果。

美术或者说艺术，贯彻在许多事物中间，而且常在人的社会历程中继续进行下去。美，为人所发展，为人所创造，为人所享受。用美作为定向，改造不美的事物，使之成为美的事物，最大的成果，将是改造不美或不够美的社会，使之成为最美的社会。因此美育极其重要。

美不是抽象的，它是物质的、具体的，而且是经过人的世世代代的实践，众所公认的。美的标准，是公众定的标准。

孟轲说："口之于味也，有同耆焉；耳之于声也，有同听焉；目之于色也，有同美焉。"（《孟子·告子上》）美味，是人类世世代代创造的，共同承认的。其中包括各种动物、植物、选种、栽培、烹调、精制，使用各种技术，经过实践，才能完成它的美，这种美术是人类施展了很大的智慧，也只有人类才能有这样的成就，并成为共同的爱好。耳之于声，也是如此。古往今来，人类创造了各种乐器，演奏出各种曲调，歌舞艺术，唯人为能。《楚辞》说："羌声色兮娱人，观者憺兮忘归。"（《楚辞·九歌·东君》）说的也是公众共同得到欣赏畅快满足。目之于色，当然有一个共同美的标准。"不知子都之姣者，无目者也"，在古代就是大家都比较肯定的，后来子都成为美男子的代号。美色所包括的内容极为丰富，尤其因为它是绘画、雕刻的对象素材，这里要多说几句。

美是从自然来的。美的发展，却以人为主，没有人的技术参加，就不会达到它的变化成果。我们的美术，是根据自然的，但经过人的加工，它已不是原来的自然形态。例如我们常画的月季、玫瑰，这是中国原产的。中国玫瑰，驰名于世界，有各种美丽的色彩与馥郁的香气。但它的原生野玫瑰，却远无如此美丽，一年只开一次。今天的玫瑰是长期培养而成，是人的艺术的成就。它用异花授粉，孕育种子，培育新苗。年复一年地逐渐改变了原来的生态，花轮变大，色彩加多，香气增强，四季常开。按照了人的意志定向发展。人征服了自然，改变了自然，但自然不是不可转移的。美术家、画家就是根据这些自创的新品种来写入画幅的。

玫瑰由野生种变成为世界珍贵的名品，您想中国艺术家的智慧多么丰富，它的力量又是多么持久坚强，才能达到如此充实而又光辉的地步？中国人所创造的这种美，已不仅是中国独有的了，它已贡献给了世界。向西，它传播给我们的近邻印度和斯里兰卡。僧伽罗人用自己的语言将中国玫瑰命名为"亲戚的生命"，意思是亲戚送来的珍贵品，像宝爱生命一样宝爱它。中国玫瑰美妙地生长在印度，在18世纪又由印度传播到英国。法国拿破仑的夫人约瑟芬，爱好收集世界的玫瑰花，各国的外交使节和园艺大师，都愿为她效劳。她极希望从隔着一个海峡的英国，得到极其珍贵的中国玫瑰。其时，英法正在交战，但为能将此花移入法国，双方协定暂时休战，由英国海军护送中国玫瑰渡过英吉利海峡，交给了法国皇后约瑟芬。

约瑟芬为了让自己的名字与玫瑰同传后世，决意将她收集的中国玫瑰等珍品描绘下来，精印出版。法国以绘制插图而闻名的画家P. 莱杜特，承担起这个使命，大胆采用水彩技法，在167块版面上，一共画了250种名贵的玫瑰。1824年，精美的彩色铜版画册《玫瑰》终于出版，其时约瑟芬已辞世3年。画册当时总共只印了30套，如今在古董店里，每一套的标价是10万马克。"亲戚的生命"到处散布着芬芳。这是中国园艺家所培育的，美术家所绘画的，追溯它所受的荣誉，是值得中国人民引为夸耀的。由这一种美的创造，它可以联络世界人民相亲相爱的感情；送给你一株玫瑰花，就可使交战的双方休战，美的力量，还不值得我们惊叹与重视吗？！

中国人民关于名花美果的培育，不止一端，如我们画幅中所常画的牡丹，也可写上一段美的创造的经过，向世界夸耀，这里且按下不表。关于动物，如我们常观赏的金鱼，画入画幅中那样可爱，这也是由于人的培育，而发展变化得如此多彩多样的。这些龙眼、凤尾、珍珠、绒球、红帽、蛋种等等,不仅不是其原来的生态,而且因为人的定向培育,因为人的爱美观赏,金鱼的本身已发生了在活动上不太方便的变化,若使其离开人的饲养,返回野生,便有灭亡的危险。这些品种,正是人们为了自己的美的爱好而创造的,可以说巧夺天工,随意变化,在小物中见大本领。推而广之,用美育的方法,可以改造社会,改造不美的世界。

这些改造的方法,经过实践再实践,往往延续数代,在动物植物上去做实验,也不能一蹴而成。伟大的生物进化论者达尔文先生,他在实验动物在家养中变异的时候,曾经养鸽,培育出不少美的可观赏的鸽子。凤头、卷脑、长颈、翻翅,可以用雕塑家塑造的方法,按照人的意志,塑造不少变异的形态,为鸽谱中添出不少新的品种。

达尔文的《物种起源》一书,给我许多新的启发,我想人类由脊椎动物、哺乳类动物,顺着自然的规律逐渐发展,待到成为人而出现,时间是非常悠久的。恩格斯的《从猿到人》,说劳动创造了人本身,劳动创造了一切文化,人能直立行走,才解放了双手,才创造了工具。人在劳动中发展起来,这是科学的论断。人类从旧石器到新石器,已可看出美的萌芽。细石器的造型与颜色,新石器的磨光与钻孔,虽是为了劳动的实用，已逐渐地展现出人类对于美的设计与要求，特别是在玉器的图案与陶器的纹饰与造型上，匠心独具，智慧惊人。我们的祖先对于美的认识，早已是一代比一代进步了。

我们说从猿到人以后，人有了向自然斗争并支配自然的能力，人的自身也有向美的方向改进的要求，一个最原始的人，也比一个最机灵的猴子美得多，能力大得多。他的自身正在按照美的要求不断地改造。首先是火的发现，这是震古烁今的事情，使人类能够熟食，能够御寒，能够焚林烈山，能够作为进攻其他猛兽的武器，能够制陶熔铜，开创新的时代。自从有了人，这个世界遂被人统治，向美的方向改进。过去是，现在仍然是。五讲四美，正是我们当前的口号。我们正在向着美的社会进军。

自从这世界有了人类，经过人的手，不知产生了多少美的事物，但这些事物都是为人类的利益服务的。现代著名的植物育种学者如苏联的米丘林、美国的路得·布尔班克，都为人类创造了许多珍贵的美的果实与花朵。在《米丘林全集》中，在布尔班克的《如何培育植物为人类服务》中，为世界增加了大量的甘美与芳香的果实，他们的工作是宝贵的，他们的毅力是惊人的，值得我们学习。

苏联原来是没有美丽的苹果的，有一些不堪食的小而酸的野果子，经过米丘林的研究，杂交培育，违背了所谓"上帝的意旨"，在他的手中产生了充实而又光辉的硕大的米丘林苹果。苏联的气候是严酷的，他就做了上帝所不能做的工作，人定可以胜天哪！而米丘林玫瑰，红中透黄，香溢几席，光照四座。他又是个爱鸟的老人，鸟可以在他身边饮啄自如，助他工作。他所创造的美的成绩，对苏联人民乃至世界的人类都有助益。

在美国，布尔班克的加州农场的自然条件比苏联好，植物的发育生长更加有利，他掌握了物种的可变性，把原生于中国的品种柑橘和原生于美洲的玉米、土豆，改变得比母体更美。造福社会，其利无穷，硕果累累，香花满园，甚至那些仙掌刺莓，素来为牛羊所践踏的东西，也捧献出佳果奇花，作为席上之珍。人的力量，美育的力量，在平凡中做出伟大，这是20世纪人的新的贡献。

因此我推断，人也是可以优生育种、一代一代更加美好的，将来的世界是一个更美的世界。人的心灵的美与形体的美，将主宰这个世界，将做出更美好的贡献。

我们在画图中、雕刻中，赞美我们现代的人、现代的牲畜野鸟、现代的山与水、现代的花与果，与一切有益于我们的谷粒、草木和养育我们的大地草原、城市、乡村。我们也可以采用异花授粉的方法，采用世界各民族的艺术和技法，来滋养我们的新美术。我们的美学是进化的，要呈现出更多的时代芬芳。

认识古典美术　发扬爱国主义

我们伟大的祖国是可爱的,因为我们有着悠久的历史与高度的文化。古往今来的劳动人民,以精心的创造与坚强的毅力,给我们留下了丰富的宏丽的宝贵遗产,这些珍贵的东西,永远放着光辉,到今天都成为我们人民所共有的宝藏。

单就认识我们的古典美术来说,就足以激发我们爱祖国的热情。我们是如此幸运,生在这个保有丰富的极古的美术品的国度内,生在这个发展得极其优秀的美术品的国度内,生在这个世世代代热爱美术的国度内;我们的美术,传播到朝鲜、日本、越南,西藏以西的不丹、尼泊尔和西域诸民族,波斯和蒙古高原;四周围的人民,都沾被过我们美术的恩泽。在他们的艺苑中,都多少因为受了我们的灌溉,才开放出色香相近的花朵。我们善于创造,更善于吸收,古代斯克泰(Scythean)人民的艺术,古代伊朗人民的艺术,古代印度人民的艺术,都曾被引进我们的艺术园圃中加以浸润，使滋养的泥土中增添了新鲜的养分，被吸收而再创造成适合于我们的民族形式。过去是如此，今后还将是如此。从我们的古典美术品上，我们认识到古代的艺术家们那种独具的匠心与精妙的手法。从我们四周围的人民中，更可认识到我们前代的艺术家们，给予他们的那份宝贵的厚礼，已经根深蒂固地生长在他们的国土中间，因此我们的古典美术，不仅我们热爱，他们也热爱。爱国主义与国际主义，结合在优秀的美术品上，结合在人民与人民的文化交流的深厚友情上，过去是如此，今后还将是如此。

要认识我们古典美术的历史如何悠久，以及所创造的精美的高度，我们需要举一些宝贵的例子，作为证明。

一　原始艺术

从很古的时代起，我们的人民就以"华族"自命，在自然界的诸现象中，人民选择了美丽的花朵，作为氏族的称呼，又选择了生长果实的花蒂，作为最崇敬的对象。爱美、爱自然，在原始劳动人民的认识上，已逐渐发展。从旧石器时代的晚期遗迹，我们发现了周口店山顶洞原始人的遗物，其中有工具并有装饰品，在装饰品中，有钻孔的石珠、骨坠、兽齿、卵石。

这些艺术品，都曾经过精细的打制、研磨、钻通，并且都由赤铁矿涂染着红的颜色。从这些装饰品上，反映了当时社会生产力的发展，已经达到了狩猎工具为个人使用与个人所有，以及装饰品为个人所有。有了这些宝贵的遗物，就可证实美术创造的起源与文化的开始。

从这些装饰品中所表现的艺术看来，当时研磨与钻孔的技术，已有相当的发展。我们这些远古的劳动人民，已有可能控制体积甚小的材料，在石珠与兽齿的适当部位，加以钻孔。从绳磨的纹理看来，他们已经知道将同一类型的东西加以贯串，使单一的东西复合化，显示出其类型化的美。从艺术品打制的痕迹看来，他们已经知道把不同的形象变成相同的形象，显示出了其同一性的美。从艺术品上赤色的涂染看来，他们知道利用颜色以掩盖不纯洁之天然色泽，从而改变其色泽。

从旧石器时代晚期周口店山顶洞人类的装饰品上，已可看出我们的美术起源，其历史何其悠久。这些装饰艺术的发现，正是我们劳动人民在远古时代的创造，在那时已经闪现出了文化的光辉。

二　彩陶

到了新石器时代，人类达到定居生活以后，我们古代的劳动人民创造了陶器，与研磨的石器一齐出现。最古的陶器发现于甘肃宁定之齐家坪。据安特生的报告，齐家坪的陶器全属单纯的灰色，并无彩画。唯在这种陶器上，自领及耳，已满缀压成美丽的花纹以作装饰。此种压花，颇似梳状之物所压印，因而成为多数行列之点。压花是初期陶器的特征。到了新石器中期，就有彩陶出现了。韩非子说："禹作祭器，墨染其外，朱画其内。"此种红黑两色相间之彩绘陶器，考古学者在山西夏县西阴村仰韶遗址、辽宁锦西沙锅屯遗址以及马厂辛店各古代遗址中多有发现。在仰韶与马厂两期的陶器上所描绘之富丽繁复的几何花纹，其所表现的各种抽象的构图，至今虽则不能确知其原来的意义，但从这些图案构成的基本的部分来考察，可以看出仍然不外是出于与人类劳动生产有关的几种基本概念。古代劳动的人民为了摹写太阳而做出〇，为了摹写缺月而做出），为了摹写星而做出★，为了摹写云的卷舒而做出ვ，为了摹写水的波纹而做出～，为了摹写叶状或蚌状而做出◐，这些都是对自然的摹写。其次如由横线、斜线、曲线、弧线而组成的方格纹、菱形纹等，则系织物的花纹之复写。此外，如锯齿纹、之字纹、Z字纹，则为缝痕之再现。这些彩陶图案的构成，都依此基础而加以发展，成为对称的、匀整的、严格的节奏。但随着农业经济生活的发展，就出现了一种草叶形的植物花纹，破坏了那些整齐严格的节奏。马厂期陶器上的花纹，大概与仰韶期的花纹相仿，不过更为发展，而且出现了初期的回纹。马厂与仰韶之陶画中，均无动物画的出现。在甘肃民勤县（旧名镇番县）沙井遗址的陶器上，虽有像是成列的鸟纹，但还是整齐的图案。在辛店期的陶器上，就确实出现了许多家畜及动物的图像，如犬、羊、马、鸟等点缀于几何花纹之间。这就反映出当时已有繁盛的畜牧业的存在。同时，植物画也继续被采用，这又证明当时也存在着发展了的农业。此外，还有轮纹的出现，这又反映出当时已有了车的使用，因而又可推知当时交通条件的改进，以及由此而来的交换关系的发展。在辛店期的陶画中，还出现了人像，可以说这是人物画的始祖。

在新石器时代，还是氏族社会，还没有阶级出现，其艺术的活动还不是为了统治者的娱乐享用和交换上的价值，而是为了记录劳动的人类认识自然并改造自然的事实，以及描绘生产活动时的喜悦表现。这一时代的艺术家，还是为着社会全体的生产而服务。他们不是为艺术而艺术，而是为了劳动生产而艺术。当人类的生产进步发展到氏族社会的末期，艺术品才被卷入交换过程，逐渐地随同社会的变迁而开始改变其原有的性质。

历史学家推论彩陶时代相当于夏代，开始于约公元前2070年。在那时，世界上大多数的人类还生活在野蛮蒙昧的状态中，而在我们的祖国，劳动的艺术家们已创造出这样的优美成绩。至今，他们遗留下的物品，在世界各大博物馆中还放射着永恒的光辉，这能不使我们发生热爱的感情吗？

三 殷周青铜器

殷代是阶级社会的开始，我们也开始有了精美的青铜器艺术。这种青铜器艺术，由于奴隶们手艺的分工，在冶炼、熔铸、造型的各方面都达到很高的成就。器物上的镂刻，精细而富丽。《河南安阳遗宝》《殷墟古器物图录》等书中，所载铜器都很精美，在花纹内并有嵌以绿松宝石的。技术的美好，在全世界古艺术品中占有极高的地位。这些铜器中，有一二十种不同的形式，如爵、卣、樽、瓮、觯、鼎、敦、觚、盉、角、斝、甗、匜、鬲、罍、壶、簋、盘、觥、豆等。有为生人日常用的，有为死人祭葬用的，而且在很多种战斗用的兵器上，也有美丽的纹饰。这些青铜器物，或由陶器蜕化而来，例如鼎、鬲之类；或由竹编器物蜕化而来，例如簠、簋之类；或由石器及骨角器物蜕化而来，例如兵器之类。其蜕化的痕迹，从其形制的演变过程中大略可见。仅就其形制的复杂与美丽，便可证明殷代艺术的发展有着长足的进步。

殷代的青铜器大致均有繁茂细致的花纹。其最常见的有方角的螺纹，亦即旧称的回纹或云雷纹。此种螺纹，早就见之于新石器时代的陶器上。最初多作圆形，如◎；在玉器上往往又称为谷纹。若两螺纹相连，则作∞形。螺纹由圆形而变为有方角的形式回，如𐀀，则始于马厂期文化时代，到辛店期而有连续的回纹出现。此种圆形的或有方角的螺纹，在新石器时代多用以装饰陶器之颈部。到殷代，则将此种装饰陶器的花纹，用以装饰铜器，以及其他骨角器物。如殷代的鼎、鬲，大率于器物的颈部，辟一"花纹带"，在此"花纹带"内，满缀回纹。又如殷代的犀角、象牙残器及白色陶器等，皆雕有类似铜器上的回纹。因此可知殷代青铜器上的花纹，亦系继承原始陶器的花纹而加以发展。

殷代青铜器也有遍身满缀回纹的，在回纹的中间饰以饕餮的更属常见。此外更有各种动物纹样，如龙纹、鸟纹、蝉纹等。原始传说以龙、鸟、云纪官，大概龙、鸟、云、雷之类皆从图腾遗制而来。铜器上以此等图案占主要地位,其空隙处亦多填补回纹,互相衬托,足见匠心之妙。铜器装饰,除嵌绿松宝石外,更发明了错金的艺术,错金嵌玉更增其美。从事手工艺的奴隶们,纯粹为了满足奴隶主贵族奢侈的要求,而斗技逞奇,因之殷代的艺术,也向更高的阶段发展。殷代艺术发展的最主要原因,应是由于当时已经有一部分人完全从体力的劳动中被解放出来,专门从事于设计图样的智力劳动,这就使得艺术与劳动分离,而成为一种专门的职业。但亦由于体力劳动与脑力劳动的分离,我国古代艺术由此时起,渐与现实生活脱节,以满足上层贵族们的享乐要求。

殷代以后,西周铜器艺术虽有若干发展,大体多系模仿殷人的制作。器物若无周代铭文,即难辨别。至春秋末及战国时,铜器的形式、花纹及文字各方面均有剧烈的变化。此种变化的主要原因,一则由于艺术的地方特异性的发展,一则由于艺术本身之历史的发展;而北方的斯克泰艺术,至此也增加了互相影响的关系。所以从春秋到战国,在这动荡的时代中,艺术形式起了很大的变易。就花纹而言,从春秋末起,动物画的图案渐趋发展;到战国时,则动物画的镂刻更为流行。如"四兽图壶""鸟兽图壶",皆系纯粹的动物画,壶上所刻的形状及姿态表现,均很生动。其最宝贵者为"行猎图壶",其上镂刻人物与野兽搏斗的姿态栩栩如生。尤其"画像钫"上的构图，成为一幅大规模的狩猎图，其中有奔驰的车马，有乘车的贵族，有与野兽搏斗的猎人，有中矢奔窜的野鹿，有驰逐的猎犬与被杀死的兽类，纷然杂陈，紧张生动，实开汉代武梁祠、郭氏祠等石刻画的先路。战国时期，铜器上的错金术与镶嵌术亦更加熟练，至今仍放射着灿烂的光辉。我们古代劳动人民制作的这些重器，被欧、美、日的商人所盗运，流失于海外者不少①。

四 汉画

从战国时代的洛阳韩君、寿县楚君墓中，已发现了彩画与漆画的存在。随着秦统一了六国，成为前所未有的大帝国，汉代继秦之后，封建制度逐渐巩固，国力盛张，经济日益发展，在艺术上也有了很大的进步，彩画与漆画艺术的成就，都比前代为高。汉代美术品，就今所知，当时所用的物质材料，有下列四种：一为绘在缣帛上的；二为绘在粉壁上的；三为绘在各

---

① 试观《欧美所藏中国铜器》《支那古铜精华》《白鹤帖》《海外吉金图录》等书。

种工艺品上的,如漆盘、漆奁、玳瑁制的小盒、竹编的小箧等;四为刻在石材建筑物上的。绘在缣帛上的汉画,因为屡经破坏,大率丧失,传世已稀。据《历代名画记》说:"汉武创置秘阁,以聚图书;汉明雅好丹青,别开画室。又创立鸿都学,以集奇艺,天下之艺云集。及董卓之乱,山阳西迁,图画缣帛,军人皆取为帷囊,所收而西七十余乘。遇雨道艰,半皆遗弃。"这大概是西汉时期缣帛的绘画所遭受的最大的一次浩劫。经过这样的毁灭后,至今纵有遗存,已不多见。绘在粉壁上的壁画,始见王延寿《鲁灵光殿赋》,曾记一些情况。其见于两汉记载者颇多,如承明殿、甘泉宫、麒麟阁、甲观画室、南宫云台等,都有壁画。《汉官典职》说:"明光殿省中,皆以胡粉涂壁,紫青界之,画古烈士,重行书赞。"可见在两汉的宫廷中,壁画是极其盛行的。到今天尚能看见的汉代壁画,只有汉墓的遗物,如东北营城子汉墓壁画,辽阳北园第一号汉墓壁画,洛阳西出土彩画墓砖,以及东北、内蒙古、河北近期出土的汉墓壁画等。其时代较晚的,为辽东辑安县通沟高句丽诸古墓壁画,观其画风及书法,当是魏晋间的作品,但其去汉未远,古朴典丽,犹可上窥汉壁画的风貌。

绘在漆器上的,有长沙出土的两彩奁:一为舞乐奁,上绘舞伎与观舞的统治阶级;一为车马奁,上绘车马人物。朝鲜乐浪汉王旴墓,出土的有永平十二年(69年)漆盘,彩绘西王母图。乐浪王旴墓又出土一玳瑁小盒,墨绘人物。乐浪南井里彩箧冢,出土一小箧,上施粉彩,图画人物90余。这些用笔墨粉彩所画的汉代遗物,已成为稀有的美术珍品。

汉画以石刻的最能耐久,故存至现在的亦最多,各地搜集,约近千石。石刻画必须先画后刻,它是绘画的一种耐久形式,大率刻在平面的石材上,与其认为是雕刻,不如看作绘画。现存的石刻画,除东北鞍山所出数片,主要发现地区均在山东、南阳、四川等地,究其分布地域,与当时社会经济的发展有密切的关系。因为山东、南阳、四川,在汉代都是富庶之区,是盐铁工商业最发达的地方,也是大官僚、大地主、大商人最多的地区。豪门富室既多,修造坟墓就多,于是遗存的汉石刻画也就大量地被发现了。

汉代的上层社会,其最高的为中央集权的统治者,因此宫殿陵墓的建筑和绘画,规模亦最大;其次为分封的诸侯王及其官属,如长沙和乐浪等古墓遗物;再次便是官僚、大地主、富商三位合为一体,大地主又多是富商,富商又可出任官僚,官僚又拥有多量的土地,根深蒂固地结成剥削的阶层。在山东、南阳、四川的汉石刻画中,所表现的便是这种剥削者与被剥削者的生活。

汉代的艺术劳动者，为了适应封建社会的需要，曾创造出不少伟大的作品，其最著名的如山东嘉祥武梁祠、孝堂山郭巨祠、两城山汉画像、沂南汉画像等，规模都相当大，而且创作的内容与方法，较之汉以前的艺术，都有很大的发展。汉画可以说是汉代社会的一面镜子，它所表现的事物，包括统治与被统治、剥削与被剥削、劳动与不劳动、主与奴的两个阶级，生动地画出了当时社会的诸形态。它所表现的，例如贵族们的巡游、田猎、战争、献俘、通谒、宴享、歌舞、百戏、弹琴、弈棋、投壶、蹴鞠等等活动；劳动人民的治馔、宰牲、弋鸟、斗兽、农作、纺织、汲水、舂谷、牵犬、荷毕、负物、曳鼎、撑船、驾车等等活动；以及车马、宫室、楼观、帷幕、亭台、栏楯、瓶罍、勺盂、厨灶、井杵、衣服、甲胄、戈戟、刀剑、弓弩、斧钺等等生活用具与战斗武器；此外如珍禽、异兽、奇树、嘉禾、殊方异物等等，不可胜举。在构图方面，如武梁祠画像中的海上、空际诸神战斗的场面，云奔海立，幻怪恣肆；变化纷聚，不可端倪。又如荆轲刺秦、豫让吞炭、程婴救孤、专诸进馔等故事画，人物形象强力而紧张，反映出封建社会旺盛期的雄劲气概。在造型技术方面与使用色彩方面，都有很大的进步。人物的形象虽则古拙，但自具一种朴厚的作风。特别是动物中的犬马虎狼鹿兔之类，因为当时习于狩猎，这些形态非常生动、逼真、有力，一直到今天还值得艺人们学习。使用色彩，也能调谐而多样，颜色的对比与笔姿的自由，都达到很高的技巧，今天成为人民共有的瑰宝。

过去，曾有少数石刻为帝国主义者偷盗而去，但在国内山东、南阳、四川和东北，都保有丰富的资料。今后加以整理与研究，吸取其优良的传统，使用于今日的创作，正是艺术家的责任。

五　敦煌壁画

当汉代以后，历魏、晋、南北朝、隋、唐，是印度佛教美术输入的时代，对我国的古典美术影响很大。绘画、雕刻，传染了异域的作风，内容、题材也介绍了异域的故事。在这些作品上，同时也反映出当时经济的发展、统治阶级的意愿与劳动人民的生活。在绘画方面，敦煌莫高窟保存着极其丰富珍贵的资料。莫高窟在敦煌东南40里（1里等于0.5千米），开窟造像，彩绘壁画，始于北魏时，历隋、唐、宋、元，各代俱有添修。各时代的封建主役使人民造了许多佛教洞窟，各时代的风格都各有不同。经过了1500年，曾受流沙的损毁，兵燹、地震的破坏。英、法、美各帝国主义的文化间谍斯坦因、伯希和、华尔纳等人的偷窃，白俄千余人的居住熏刮，使这些宝贵的古艺术品受了很大的损失，至今还保存有壁画和塑像的共469洞。印度的阿旃陀（Ajanta）石窟虽然也是世界古佛教艺术的宝藏，但在洞的数量上与画的丰富上，较此相差尚远。莫高窟对认识我国优良艺术的传统，实具有无与伦比的价值。这些艺术品，虽其主题多是宗教内容，但却表现出当时的艺术劳动者如何在佛教故事中加入了他们所热爱的乡土成分；而且逐渐把印度和波斯的艺术情调，与我国的传统艺术融合而为一，创造出了新的民族形式。试取敦煌莫高窟与印度阿旃陀石窟相比较，便可以观察出两者微妙的同异关系。

敦煌的洞窟壁画，开始于公元4世纪时。初期作品，有些与西域各地所发现的早期佛教艺术相似，追溯源流，则犍陀罗时代艺术与笈多时代艺术，都曾带来一些影响。如第257窟北魏释迦坐像，即系犍陀罗姿势。早期北魏的壁画，其粗放的笔触与强烈的色调，又与阿旃陀早期的壁画有其相同之点。其中一部分还保存着中国汉、魏以来艺术传统的形式，反映出中国社会的现实。一部分显示出浓重的西域风格，借此可以推想西域人民的生活方式，另一部分则移植了印度的画风，并加入了中国的事物。例如洞窟顶壁间装饰的飞天神人，则与辑安通沟壁画一脉相承。又如第249洞壁画，有汉代常见的四灵之一的玄武，及《楚辞·天问》中的雄虺九首和有翼飞龙，而其下却是魏、晋时代的游乐图，这与佛画相结合，显示出中印艺术的交融。佛画空隙处填以花朵，则是北印度与波斯共有的作风。其用色特征，多为石青、石绿、赭红，及黑白本色对照，多于间色浸染。用笔壮快超逸，因此画面给人的印象是热烈雄伟和明朗秀雅两者巧妙地结合。

其与阿旃陀壁画不同处，为不甚重视比例，形象的表现多以故事作中心，着重于画面主题的扩大和表现加强。或水不容泛，或人大于山，所有画面中的云山树木不是用作画中背景，就是用作故事间隔，形成图案的效果。这种构图设计的巧妙，使用甚久，下迄隋代，至唐风格始变。其中降魔变相，与阿旃陀构图相仿，但四旁诸魔不及印画的狞恶妖娆，这也是艺术作风迁地而变的一例。莫高窟早期壁画用线部分多作铁线描，起落无大变化，但活泼生动，能把人体从柔软的衣褶中，给予很好的表现，可推想曹不兴、顾恺之用笔方法的发展。今传顾恺之《女史箴图》用笔实承汉、魏，与通沟古墓壁画相类。曹、顾传写佛像，亦必参用我国固有的方法，可以想见。

敦煌壁画在隋、唐时代，由于200年来的酝酿，逐渐改变了外来艺术的面目，民族的绘画风格逐渐提高，完成了这一时代的新艺术。隋代结束了南北朝分立的局面，社会生产力得到一定的发展。隋代所凿石窟，约占总数的1/5，计95个，可见当时经济力的旺盛。在壁画的作风上，也融合了南北之长，为唐代艺术的发展做了先驱。

魏、晋时代壁画的内容，多系佛本生故事。到隋代已出现了以《维摩诘所说经》《妙法莲华经》《弥勒成佛经》等为内容的简单绘画场面，为唐代大规模的诸经变相画开了先路。隋代壁画在艺术技巧上也与北魏不同。北魏比较粗放，与我国西域的作风相近。隋代的画法，比较细致圆润，与自晋以来中原诸大画家的艺术风尚趋于一致。到了这时，中国佛教画在东方艺术中开始展现独创的风格。

到唐代的敦煌壁画，主题内容更加扩大，由于说经俗讲的发达，变相画成为壁画艺术家主要的工作。这些壁画的内容，计有西方净土变、东方药师变、弥勒变、维摩变、法华变、报恩经变等16种经变的画相。其中以西方净土变最多，在敦煌约占228壁。这种经变画规模宏大，色彩绚烂，正如唐代白居易所说："弥陀尊佛坐中央。观音、势至二大士侍左右。天人瞻仰，眷属围绕，楼台伎乐，水树花鸟，七宝严饰，五彩彰施……"这种壮丽的场面，雄伟的构图，敷彩设色，金碧辉煌，足以显示唐帝国的经济繁荣对于壁画艺术的提高有着直接的关系。鲁迅先生曾经说："在唐，可取佛画的灿烂，线画的空实和明快。"正道出这一时代艺术的特点。

敦煌壁画到中唐以后，已不仅仅以佛教故事为题材，有关人间社会的生活故事也占了一部分，例如《张议潮统军出行图》、《宋国夫人出行图》，便是其著名的作品。两画在游乐的行列中，反映了当时社会的各方面。如统治者的仪仗、乐舞百戏、车骑狗马、男女服饰等，是研究唐代社会的重要资料。

唐代以后的壁画，虽也有不少可观的作品，但功力较弱，终赶不上北魏的雄劲恣肆，盛唐的典丽壮伟，这里也就不再多举了。敦煌壁画，虽则经历千劫，西方帝国主义者又复屡来窃盗，但保存至今的仍然如此瑰玮富赡，成为人民共有的瑰宝，应该如何重视，那是不待烦言的了。

六　云冈、龙门石刻

佛教艺术在我国伟大的成就，一种是壁画，一种是雕刻。壁画以敦煌莫高窟为代表，雕刻则以云冈和龙门为代表。云冈亦创始于北魏，较莫高窟略后百年。雕造式样，追溯源流，亦自印度东传而来。西印度的阿旃陀、爱楼拉，雕造都极精工。向北到印度西北边省和巴米扬（Bamiyan）造像，亦甚伟大。东折而至新疆，有南疆和阗与榆林窟诸古迹。到山西大同的云冈，遂创造一个最伟大的奇迹。大同古称平城，为鲜卑拓跋氏所建北魏的首都。由大同西行20余里，渡武周川，即为云冈。云冈造像，始于北魏太平真君十一年，即公元450年。至公元493年，北魏迁都洛阳，此地遂失去重要性，虽然续有雕造，规模甚小。伟大的石佛群，均成于此数十年中。北魏的统治阶级，为了麻醉人民，役使无数的劳动者长期开凿，并立僧祇户与佛图户，僧祇户凶年供僧祇粟，佛图户隶属寺院，以供诸役。云冈石佛，即是在这样的政治经济的基础上完成的。

云冈石佛洞现存30余洞，可分东、中、西三部，其中东部3洞，中部10洞，西部9洞，比较重要。西部所谓昙曜五洞，佛像最大，庄严巍峨，高达数丈，人立其前，即感渺小。大佛造像，作风与犍陀罗艺术及其后的笈多艺术，均有相同之点，又均不全似。此亦印度艺术传入我国后，有了新的融合之故。壁上贤劫千佛，面容多作犍陀罗式。中部数洞，多作方形，分为前后两间，前间勒舞乐，后间雕大佛，繁富典丽，甚为精美。天竺、龟兹、西凉等乐，自北魏以后，下迄隋、唐，盛于中土，在敦煌壁画、云冈石刻中都保存有丰富的研究资料。中部第一、第二两洞壁带刻有佛传故事9图，接承犍陀罗的作风，为西部各洞所无。第三为六美人洞，前壁上层6美人，坐帷幕中，婉丽肥硕，犹是印度古美人的姿态。古梵文学中，描绘美人，行如鹅步，即以圆润肥硕为美，此雕像可谓深能表现。中部藻井上的飞天，肥短如小儿，与西部各小洞晚期的作品飞天削肩瘦长、衣带飘逸，甚不相同。鹿野苑古佛像背光上的飞天，则肥短与此相似。可证明早期的雕刻，接近印度艺术，到晚期的雕刻，便渐为我国艺术同化，又上接汉代壁画的传统。

印度阿旃陀石窟，分为支提洞、毗诃罗洞两类，支提洞中有佛塔，以藏佛的遗体爪发碎骨之类，通称舍利。塔形原为冢墓，以备顶礼，自犍陀罗后始代之以佛像。毗诃罗洞意为僧房，为僧侣讲学息坐之所。云冈石佛洞亦兼有两类，东部第1、第2及西部第32洞，其内均有塔。世称昙曜五洞，大佛独占其中，亦属支提洞。若东部第3洞，属于毗诃罗洞。及中部分为前后洞的各洞，则是毗诃罗洞的转变。云冈各洞石佛，均有残毁，以近百年中最甚，遭国内过去的封建军阀及日、欧、美的帝国主义者偷劫，或将头部击去，或将整躯凿去。在1935年的调查中，佛头便失去300余颗。日军占领时，又复增多损失。至今欧、美、日博物馆及海外私人收藏的佛头，多系盗自云冈及天龙山等处。我劳动人民的辛苦成就，已历1500年，一旦毁于盗贼，至可痛恨。云冈艺术，被推为远东三大艺术伟迹之一，我劳动人民在古代的创造，至今还是值得向全世界夸耀的。

北魏太和十七年（493年），迁都洛阳，于洛阳南40里伊水两岸，更营石窟造像，其地断崖如门，号称伊阙，又名龙门。自东魏、北齐、隋、唐，次第继续开窟，至唐高宗、武后时，经营达于最高点。北魏时专开左岸（西）。隋、唐时重要的制作，也多开于左岸。右岸（东）则专为唐代的作品。左岸最重要的有21窟，其余小窟甚多。《魏书·释老志》曾记造窟三所，即用工力80万2366人，就全部石窟说，可知所费劳动人民力量之大。

龙门石刻造像的特点，更能融合传统的艺术，创造出新的民族形式。左岸第3窟北魏宾阳洞，佛像优美，比例更较云冈为佳。伎乐供养人与藻井的图案，均典丽飘逸，在艺术史上有很大的发展。龙门与云冈不同，云冈铭记文字不过数处，龙门则每洞多有铭记，因此大略可以考知年代。北魏以后隋、唐的制作，愈益显示出优秀的民族作风，形貌昳丽，含睇若笑，温雅敦厚，富于情味。躯干更多颀长，此种作风东传而至朝鲜、日本，造成东方佛教艺术的一个系统；业已脱离印度的母范，而独自发育。云冈、龙门石刻，并吸收不少古希腊与波斯萨珊朝的装饰艺术，使得内容更加丰富。

自帝国主义的势力侵入后，龙门石刻亦遭到严重的盗窃破坏。1913年，被外国帝国主义者毁去佛头数千，其后逐年都有破坏。我艺术瑰宝受到无耻者的摧残,令人发指。石刻造像艺术以云冈、龙门两处为代表,所受损失亦最大。他若天龙山、响堂寺、东北义县,以及江南摄山,重庆大足、广元等处,都有雕造。其他南北朝精美造像,被窃运往国外的亦复甚多,这里也无法统计了。

我国古典美术,发展到唐、宋时代,由于长期的封建统治,艺术的制作逐渐与劳动生活脱离联系,成为统治阶级玩好之物。画题取材,其主要者一派向山水发展,一派向花鸟发展。山水画描写我们土地上美丽雄伟的河山,花鸟画描写我们土地上可爱的动物植物,这些虽则为上层社会所专享,作为生活的点缀,但与我广大的人民,仍然有亲切的关系。因为爱我们的祖国,爱我们生根植基的土地,爱我们土地上生长的一切,这是劳动人民深厚的感情,更超乎贵族社会之上的。因此那一时期的宫廷画师们,文人学士们所留下的艺术业绩,仍然是今日宝贵的遗产,为新社会群众所爱赏之物。不过唐、宋以后,所谓"文人画"侵占了艺坛主要的地位,徒重笔墨形式,写实变为象征,才真的与现实社会脱了节,把我国优良艺术的传统逐渐失去,带向衰落的道路,其中虽亦有少数写实的作家,也不能挽回颓运。

山水画发源于魏、晋之间,至唐、宋而极盛。最大的作家有吴道子、李思训父子、郑虔、王维、荆浩、关同、董源、巨然、范宽、李成、郭熙等人；花鸟画至五代、两宋而极盛，最大的作家有黄筌、黄居寀、徐熙、滕昌祐、崔白、宋徽宗等人；其中不少宝贵的作品遗留至今，旧藏故宫博物院中。唐、宋名作，多为绢素，易被帝国主义者所窃取，故流至海外者亦多；日本博物馆，英伦不列颠博物馆，美国波士顿博物院，及各私人收藏的，固难统计，即我故宫博物院所藏，亦多在台湾，不易看到。唐、宋山水花鸟风格，为我艺术家特创，受我影响最深的为东邻的朝鲜、日本和西方的波斯。这些过去的艺术家们特创的风格，是很值得我们今日研究吸取的。"对于过去时代的文艺形式，我们也并不拒绝利用，但这些旧形式到了我们手里，给了改造，加进了新内容，也就变成革命的为人民服务的东西了。"把我们的艺术遗产，加以研究提炼，吸收其优良的传统，作为我们创作新艺术的养分，对于民族形式的培养，是非常重要的。认识古典美术，发扬爱国主义，这正是今日艺术家们应有的任务。

中国绘画艺术

一 中国原始社会艺术

中国是世界上最古老的文明国家之一。它有悠久的历史、辽阔的土地和丰富的物产。在天赋的优厚物质基础上,经过各族人民长期的艰苦奋斗,创造出了灿烂多彩的文化。自古以来,它就有自己独具风格的艺术品和宝贵的美术史料。这些世世代代遗留下来的精神与物质瑰宝,激起我们对先民的崇敬,对祖国的热爱,为各族人民对美术的共同成就而赞颂。

我们从旧石器时代与新石器时代的遗物中得到不少早期人类的美术知识。从山顶洞旧石器时代晚期人类的装饰品上,可以证明在远古时代,我国劳动人民的审美观念与美学思想已闪现出夺目的光辉。

西安半坡村的原始人已脱离了天然的山洞,自营居住房舍，有了建筑艺术的初型。从遗址中发现的人面陶塑、狗首鸟尾陶塑，用笔墨绘画的鱼纹彩陶盆和鹿纹彩陶盆，表现了早期人类雕塑和绘画的智慧。其中人面鱼纹彩陶盆，更表现了浪漫和幻想的色彩。在当时人使用的石矛、骨箭头、石箭头、鱼钩、鱼叉、渔网、石坠等渔猎工具之外，还有骨针、骨锥、纺轮、席纹陶钵与布纹陶钵，说明当时编织与纺织艺术已成为劳动的一部分。

在河姆渡发现了雕刻的骨哨，在山西万荣荆村发现了陶埙，在青海大通上孙家寨发现了舞俑绘画彩陶盆，上绘有3组5个舞俑的携手踏歌图，这说明了音乐舞俑艺术与绘画雕刻艺术是齐头并进的。至于河南偃师二里头发现的特磬、安阳武官村发现的虎纹大磬、殷墟妇好墓发现的鹦鹉纹小磬，以及过去发现的永启、永余、夭余等有文字的商三磬[①]，从乐器的演进上，更说明从旧石器向新石器艺术创作迈进，给我们留下了纪念碑式的遗物。此外，彩陶与黑陶的大批发现，各种玉雕的样式与花纹的争奇斗异，把历史传说时期先民们旺盛的艺术创造精力与丰富的美学思想如画卷般呈现在我们面前。在如今民主的新时

---

① 详见《殷周古磬小记》，发表于《光明日报》1950年7月5日《学术》，收入上海新文艺出版社1956年版的《东方艺术丛谈》。

代，使我们看到先辈美术史家所不曾看到的史前期遗留的许多珍品，这是多么幸运。

我们至今虽然还没有发现原始时代的洞窟壁画（在少数民族地区，曾发现有岩壁绘画），但我们发现了商代在甲骨上所刻的象形文字，如日、月、星、云，山、水、草、木，牛、羊、鹿、马，龙、象、鱼、鸟等丰富多彩的形象。这些绘画般的文字，必有其长期演进的历程，把一个物体，绘成一个小小的文字，惟妙惟肖，把我们的认识记录、传达出来，这是何等奇妙的智慧。我们先民们一双灵巧的手，从绘画到文字，逐渐发展，在亚洲居于领先的地位，书画同源，绽放异彩，也就从原始时代奠基了。

二 先秦及汉魏

先秦时期，中国的北部与南部，文化上都有辉煌的发展，在黄河流域的周人与长江流域的楚人，留下了《诗经》与《楚辞》两部文学上震古烁今的著作，也留下不少精美的铜器、漆器，显示出当时劳动人民的艺术成就。但绘画的遗留却不多，仅能从这些不易腐朽的陶铜玉石漆木材料上，测知其艺术水平发展的高度而已。古代的殿堂多有壁画，建筑既圮，壁画亦亡。《鲁灵光殿赋》中记载所绘的伏羲女娲,《楚辞·天问》中记载所绘的流传神话,略存梗概。到近年发现的楚墓帛画,始见实物。其一幅约于1938年在长沙出土,已流传国外,另一幅亦为长沙出土,其中仍为神话传说。画笔劲健,表现出神仙缥缈之思,为汉代绘画的前驱。画中的主题思想,时人多有解说[1],可以参看。北方周秦故地,至汉始有古墓壁画出土,地上之物,多毁于自然灾害及兵燹丧乱之中,虽古籍所载,"绘事后素"(《论语》),丝质之物,今尚未闻。晚周之时,以秦楚为强大,楚子问鼎中原,未能逞其势力。秦起西疆,灭六国而统一之,以暴政失人心,止及二世而亡。所建阿房,穷奢极欲,聚六国之珍,充于其内,楚人一炬,可怜焦土。在当时的艺术损失,可以说是一场浩劫。秦人曾熔六国兵器,铸金人十二,今亦散失[2]。但最近发掘秦始皇嬴政墓,所制陶俑人马,等身高大,既多且精,为世界称美,又发现了铜制车马,则其时绘画艺术的水平,应该也是相等的。

楚人承秦之后,在政治军事上继续发展,建立了汉代的封建统一大帝国,历高、惠、文、景四朝的休养生息,经济上得

---

[1] 见郭沫若氏论述。
[2] 见郭沫若氏论述。

到安定繁荣,汉武刘彻时,开始通西域,引进了中亚以至西亚的新鲜事物,也把中国人民的文化成就向外传播。汉开河西四郡,置西域都护府;向东置玄菟、乐浪等四郡,达到今日的平壤;向南置日南、九真等四郡,达到今日的越南。四周围的兄弟民族,都以汉文化为中心,汉代绘画艺术也吸收了兄弟民族的智慧,有了进一步的成就。汉画中的四神,守卫四方,其中朱雀也就是从西南来的大雀,《楚辞》称为孔雀。汉画中的西王母,传说来自西方;汉画中的三珠树、扶桑木,传说来自东方;至于《山海经》中的诸图,荒怪邈远,更是吸收了四边人民的不少传说,一一成了画题。

汉明雅好丹青,培养了专业的画官,汉代藻绘功臣,设置了纪念的殿堂,现在虽已随历史而消失,但近年出土的汉墓壁画与帛画,续有发现。可以窥见汉代绘画的面貌。较早发现的有洛阳东八里台汉墓壁画,绘有《上林虎圈斗兽图》和《东市买珠图》[①],近年发现的有洛阳王城公园汉墓壁画,绘有《项羽、刘邦鸿门宴图》和《二桃杀三士图》[②]。河南密县打虎亭发掘的二号东汉晚期墓,绘有"乐舞百戏""出行""庖

---

① 此画像现归美国波士顿美术馆收藏。
② 1957年在河南省洛阳市老城西北角发掘的一组西汉墓壁画。

厨""侍女""角抵"等画面,其中百戏的场景,与宴饮的宾从,尤其铺张盛设,描绘了当时的封建贵族奢侈豪华的生活。1952年,在河北省望都县城东2里,发掘的一号东汉墓,据壁上的铭赞、榜题文字,可断定为东汉晚期,绘有"主簿""门下功曹""门下游徼""门下贼曹""辟车伍佰八人"等人物,和獐子、戒火等祥瑞,画笔生动,色彩鲜明。

1953年12月,在山东省梁山县银山山腰发现汉墓壁画,有"淳于谒卿车马"题名,绘《出行图》,与望都汉墓题字相似,大致为同时代之物。

1959年,在山西省平陆县枣园村发掘的一座东汉早期墓,绘有山、树、鸟、兽和坞壁,坞壁即地主庄园的城堡,此外还有牛耕、耧播等农民劳动的画面。

1956年,在内蒙古托克托县,曾发现汉墓壁画[1],绘有墓主闵氏的生活行乐图。

1972年,在内蒙古呼和浩特南和林格尔东南40公里(1公里等于1千米)的新店子发掘一座东汉晚期(或魏晋)墓。现存壁画50多组,内容丰富,是迄今所见的榜题最多的壁画。墓主是"使持节护乌桓校尉",为当时的高级官吏,其中有骑乘、

---

[1] 见《文物参考资料》1956年9月号。

官署、百戏、庖厨、牧马、庄园、农耕、谷仓、武城诸画面，显示了封建上层的豪华生活与被压迫农民的实况。

在东北方面，营城子汉墓壁画，是其较早发现的一处，现存于旅顺博物馆。

近年在辽阳曾发现有棒台子屯汉墓壁画，有百戏、宴饮、出行、骑乘、宅第、庖厨诸图。

辽阳北园汉墓壁画，有楼阁、仓库、树木、人物、百戏、斗鸡等图。

辽阳第4窑厂汉墓壁画，有饮食、庖厨、车马出行等图。

辽阳三道壕第2窑厂汉墓壁画，有人马、居室、庖厨等图，中有隶书题字，但时代可能已在汉魏之交。辽阳地区汉墓彩画，遗存颇多，为其后魏晋时期的辑安通沟古墓壁画开了先路。辑安在高句丽时代与汉墓壁画属于同一系统，如日、月，苍龙、白虎、朱雀、玄武四神等，是汉墓所常见，足见所受汉文化之深，最近继续发现不少。其中一四神冢，现存长春市故宫博物馆（今称伪满皇宫博物院），其上部有"相扑"图，与现在的日本"相扑"相同。可知日本的相扑，是起源于中国，经由东北、高丽而传入日本。东北自古为汉、满、朝鲜、鲜卑等民族共处之地，在艺术方面，也互相结合，而产生新的色彩。

在汉代的墓葬中，更多发现的是石刻画，由于它坚固易存，所以发现得很多。河南南阳和江苏、山西等都有遗存。如山东沂南画像，陕西绥德王德元画像，西康庐县王晖墓画像，四川新津宝子山画像，四川重庆沙坪坝石棺画像，皆各具地方色彩。山东有武氏祠、孝堂山、戴氏享堂等，是属于地上的建筑。武梁祠享堂石刻画，几经沧桑，至今犹存。从武梁祠的壁画内容看，可以推想到古代宫殿与陵墓壁画中一些类似的情景。历史故事、神仙思想和一些民间传说，都作为壁画的题材。以武氏祠的制作，最为丰富①。

汉代帛画的发现较少，1949年前曾于北京市北的怀来五孤堆地方，发现过五鹿充墓，中有帛画。据马衡教授说：出土时已片片残败，只用玻片压藏一片。此帛画名为铭旌，覆于棺上，五鹿充或即汉之五鹿充宗云。

在1972年1月发掘的长沙马王堆一号汉墓，得到很大的收获。其中漆器与丝织品，藏贮丰富，辉煌灿烂。尤其是出土的一件彩绘帛画，展开有如和服的形状，系着四个彩穗，上部绘天空日月双龙。日中有金乌，月中有灵蟾玉兔。正如汉诗中"四五蟾兔缺"的形状，是中国古代的神话之一。中部绘人

---

① 可参看常任侠著《汉画艺术研究》，上海出版公司1955年版。

间主人接见宾客拜谒，后立侍从。这正是西汉轪侯夫人的生活写实，与发现的女尸应是一人。下部绘地下，有巨人力士顶承其下，这又是中国古代神话之一。画家以写实的手法，结合着幻想，组成这个画面，它的谨严的技法，可以说是汉代绘画的最高成就①。

近于1976年6月，在洛阳邙山南麓烧沟村之西，又发现了西汉卜千秋壁画墓②，墓壁所画《升仙图》，与马王堆出土的非衣帛画，内容相类。有伏羲、女娲、日、月、神人、飞龙、赤豹蜿蜒行空，为屈原《天问》中的一些神话传说，做了形象的描画，这是集中地表现了道家思想，反映了封建统治者对神仙方士的迷信，他们的"飞升不死"的企图幻想，正是他们生前的寄生思想的继续，表现了西汉上层社会的特点。

两汉绘画艺术的发展，在中国的南部与北部，都可看到当时留下的成就，甚至远在甘肃省的西部嘉峪关市和酒泉县之间的戈壁滩上，也遗存着一处古墓群。1972年4月至1973年1月，曾先后发掘了其中8座墓葬。其时代均在曹魏到西晋之间，其中6墓绘有砖画。约存砖面画600多幅，保存完好，色彩鲜明。

---

① 详细情况，可参看《长沙马王堆一号汉墓发掘简报》，文物出版社1972年版。

② 见《文物》1977年6月号。

内容记录了劳动人民的生活，丰富多彩。在描绘社会创造物质财富方面，形象非常逼真，生动地反映了当时河西地区的农业生产情况。这是在古代丝绸之路所经过的地方一幅幅形象的历史，其中有牧畜、扬场、采桑、牛耕、牧马、驿使、屯垦、营垒、狩猎、椎牛、屠猪、宰鸡、牵驼、牛车诸画面，在技法上熟练奔放，线条流利，表现了明快的艺术风格。在艺术思想上继承了西汉的传统，尚未受到佛教思想和中亚以至西亚画风的熏染，成为中原汉文化向西传播的一个驿站，因为这时在我们新疆各民族地区，以及波斯、亚历山大等古文明地区，有了汉代的古锦丝织品传播发现，丝绸之路既通，而中国古代的绘画艺术，接着也起了新的变化。

三 南北朝到隋唐

从南北朝到隋唐，是中国各民族文化大融合的时代，也是佛教艺术输入的时代。在绘画风格上，产生了新的面貌。

北朝，由中国北部的各少数民族掌握政权。西晋的封建阶层，迁于江南，建立了东晋，造成南北分立的局面。北朝历经北魏、东魏、西魏、北齐、北周；南朝经历宋、齐、梁、陈，至隋而统一南北，各民族的文化，得到新的融合。隋政权不久即为李唐所代替，建立了统一的大帝国，文化上得到新的发展，成为盛唐文化的辉煌灿烂时代。佛教从汉代输入，至唐而极盛，佛教艺术，在东亚得到高度发展，它的成就，甚至渡海而到日本，对日本艺术产生了不少影响，在朝鲜和越南，也同样受到尊重，以唐为范。

东汉以来传入的佛教，初为小乘教派。开始在中国西部凿窟造像，今传克孜尔石窟壁画，多是佛传和佛本生故事，初期所译的经典，也多是小乘教派的经典。佛教艺术东来的行程，克孜尔是第一站，留有丰富的壁画。再东而有高昌壁画，到甘肃而有炳灵寺、敦煌、麦积山和山西大同云冈、河南洛阳龙门等先后成立，留给我们不少宝贵的艺术遗产。

佛教在东晋末年，已广泛流行。南朝在梁武帝时，定为国教。北朝自石勒父子信奉佛图澄，其时已大流行。中间经过魏太武曾经有一个短时间灭佛。至魏文成营造云冈石窟，佛教又恢复为国教，它经历隋唐而达到极盛。

佛教艺术的变化，随时代而不同。它可以大别为北魏至隋为第一期，盛唐为第二期，晚唐、五代至宋为第三期。

中国现存的石窟壁画，在新疆的克孜尔、高昌，犹存初传入的域外作风，线条朴拙，色彩强烈。与北魏时期的作风，有着同一的气息。但它与印度的犍陀罗雕刻，阿旃陀壁画，虽则题材同是佛传和佛本生故事，而面貌却不相同。在中国西部的诸窟，在雕塑方面，容或受有犍陀罗和笈多时代的影响，但在绘画方面，虽则故事的来源出于印度，用的却是中国艺术家自己的手法。

中国石窟艺术，无论是在云冈、敦煌、麦积山等处，要以北魏时的洞窟为最早，根据小乘佛典中的佛传、佛本生故事题材，布满了这些洞窟的壁画画面；云冈虽是用的浅浮雕，也取材于佛传。这些故事中以尸毗王本生割肉易鸽、摩诃王舍身饲虎、须达拏太子施与、五百强盗剜目故事等为最普遍；克孜尔的佛本生故事洞，尤其集中。

这些故事描绘的是忍受痛苦、自我牺牲的精神，就是悲苦冤屈，也要自己克制，不要反抗，经历种种苦修，以换取来世成佛。用这样极悲惨的故事，向众生说法，这是与当时的时代背景有关的。

从东汉政权的崩溃到李唐政权的建立，这4个世纪中，虽也有短暂的和平与局部的安定（例如西晋、苻秦、北魏等，当时的两京长安与洛阳也曾繁盛过一时），但从整个北方的政局来说，是处在战乱、饥荒、疾疫之中，民族的与阶级的压迫，用极野蛮、极残酷的形式不断展开。争城一战，杀人盈城；争地一战，杀人盈野。民不聊生，现实就是悲惨世界。从西晋八王之乱开始,政权分崩,五胡割据。人民过着痛苦的生活,"白骨蔽野,百无一存","饿死衢路,无人收识"。中原十六国战乱不已,杀戮残酷,在江左的南朝也是军阀更替,政权屡易。朝野上下,莫不在痛苦之中,不得生人之乐。于是佛教以动人的故事,安抚人心。托因果于轮回,寄希望于来生。人民蜷伏于草莽,跪倒于佛前,听虚幻的教言,做心灵的安慰。这既达到自我牺牲、不再反抗的目的,也收到便于统治、听命宰割的效果。巨大的佛躯,就象征着当时统治者自己。在动乱的年代里,佛教就是其安抚群众的工具之一。

到隋唐时代,结束了南北分裂的局面,停止了战乱,人民得到生活的相对安定。佛教至此进一步中国化,儒家的教义也渗进了佛堂,更加多了人间的世俗的成分。《报父母恩重经》,在唐代异常流行。自南北朝以来,儒佛道互相攻讦,到唐代逐渐谐调共处,都为政治服务。佛教各宗领袖,也都出入宫廷,受到礼重。所谓"利根事佛,余力通儒。悟执迷尘俗之身,譬喻火宅;举君臣父子之义,教尔青襟……"①,可见儒佛之合流。在唐代佛教的雕刻中,显出温柔敦厚关心世事的神情。在壁画中也同样遵循了这个方向。不但同一题材的人物

---

① 《樊川集》卷二十《敦煌郡僧正慧宛除临坛大德制》。

形象，有了前后不同的变化，例如维摩诘由六朝"清羸示病之容"变而为健壮的形象，而且题材和主题本身也有了非常大的转变。与中国传统思想的"以德报德，以直报怨"本不相投的那些印度传来的饲虎、易鸽、施舍儿女等故事，非常残酷悲惨的画面，终于排除，而代之以各种"净土变"，即佛教幻想出来的"极乐世界"，说是"彼佛土……玻璃为地，金绳界道，城阙宫阁，轩窗罗网，皆七宝成"。于是在壁画中常见的便是金阁琼楼，玉宇仙山，乐伎列坐，舞女当筵。把当时的胡旋、柘枝，如实地在佛前演奏。佛坐莲台，众圣环绕，天女散花，彩云绕后。这里再没有山林荒野，投身饲虎的惨状。配景也多是那些瑶草奇花，颜色绚烂。壁画中的服饰装束，也都是珠翠绮罗，飘香曳裾，极尽华丽之能事。若与北魏的壁画对照，前者反映了当时的悲惨愁苦，盛唐壁画则反映了幸福欢乐，它的敷彩行笔，构图设想，也完全是中国化了的。它画的是中国人的美好的理想，中国人的贵族面貌，中国上层社会的富裕华贵的生活。吴道子的真迹虽不可见，尉迟乙僧的凹凸画法虽然随一乘寺的建筑而消失，这些盛唐壁画的保存，正可给我们补足这一绘画技法新的内容、新的面貌和当时政治与社会的需要。

到中唐时期，由于社会有很大的变化，不再实行均田制，废止了租庸调，代之以缴纳货币，南北经济交流，商业兴盛。

科举制度确立，士人由科名进身，可以参与政权。在社会上，中上层广泛追欢取乐，奢侈豪华，中国封建社会开始走向后期，到北宋而完成，在敦煌壁画中也反映出它的转变情况。

在盛唐壁画中那些身躯高大的菩萨行列，至中唐而消失。有许多画面是绘画"经变"。人物成为次要，着意渲染的是热闹繁复的场景，到晚唐五代，更为突出。"经变"种类增多，神像愈变愈小。色彩由华贵而趋富丽，装饰风味日益浓厚。

菩萨变小了，供养人的形象却愈来愈大。这些供养人，实际便是当时的贵族，盛装华服，并按现实的尊卑长幼排列。如果说，以前还是人间的神化，现在突出来的已是现实的人间。不过所表现的仅是统治者的上层而已。很显然，人间的现实生活，到这时已比那些千篇一律，尽管华贵毕竟单调的"净土变""说法图"和幻想的西方极乐世界，对人们更富有吸引力了。壁画开始真正走向现实，人世即是天堂。

在敦煌壁画中，如晚唐五代的《张议潮统军出行图》《宋国夫人出行图》，是其最显眼的作品，它们本是现实生活的写真，却以名工之手，画在供养佛的庄严的石窟里，并且占有那样大的面积和显赫的位置，它几乎夺取了佛的地位。

张议潮是晚唐收复河西的民族英雄，画面上旌旗前导，战马成行，鼓吹一部，文武并列。雄赳赳气昂昂正在行进，这像是一曲英雄的赞歌。《宋国夫人出行图》中的车马、杂技、舞乐，也完全是人世间贵族夫人的描写，雍容华贵，气象万千。在当时的画坛上，吴道子的神技，已让位于周昉、张萱。美妇人披上了佛菩萨的服装，例如观音在印度原是有须的男性，到晚唐以来，却变成了慈祥的圣女，万户供养。专门的人物画家、山水花鸟画家在陆续出现，画佛已不是主要的画题。在敦煌，世俗场景大规模地侵入了佛国圣地。它实际标志着宗教艺术将彻底让位于世俗的现实艺术。

正是由于对现实生活的创作为人所爱，在壁画中的所谓"生活小景"，在这期间也逐步增多。上层社会的求医、宴会、阅兵……中下层社会的行旅、耕作、挤奶、拉纤……，虽然其中有些是为了配合佛教经文，许多却是与宗教无关的独立场景，它们表现了对真正的现实世俗生活有执着的爱恋。它们的重要历史意义在于：人世的生活毕竟战胜了天国的信仰，而艺术形象远远大过了宗教教义。

与此同时发生的，是对山水、楼台的描画也多了起来。不再是北魏壁画"或水不容泛，或人大于山"，把山林纯粹作为宗教题材象征式的环境背景。山水画开始写实，具有了可独立观赏的意义。宋代洞窟的《五台山图》便是例子。

连壁画故事本身也展现了这一变化。五代"经变"壁画中最流行的《劳度叉斗圣》，说的是一个斗法故事。劳度叉变作花果盛开的大树，舍利弗唤起旋风吹拔树根；劳度叉化为宝池，舍利弗化作白象喝干了宝池的水。劳度叉先后化作山、龙、牛，舍利弗便化为力士、金翅鸟、狮子王，把前者一一吃掉，如此等等。这与其说是用说法来令人崇拜，倒不如说用说书来令人愉悦。宗教及其虔诚就这样从艺术领域里被逐渐挤了出去[①]。在宋以后的年代里，唐僧取经的故事大大流行，它可能便是《劳度叉斗圣》的扩大。与其说《罗摩衍那》是小说《西游记》的母体，倒不如说《劳度叉斗圣》的故事与之也有因缘。宋刊《大唐三藏取经诗话》留传下来的就有两种版本，宋瓷枕上也曾留传下唐僧师徒四众骑着白马去西天取经的绘画。

至于敦煌所发现的变文，如《汉将王陵变》《季布骂阵文》，以及关于伍子胥的小说等，与谈空说有毫无关系。正如《因话录》所说："公为聚众谈说，假托经论所言，无非淫秽鄙亵之事……愚夫冶妇，乐闻其说。听者填咽，寺舍瞻礼崇拜，呼为和尚，教坊效其声调，以为歌曲。"佛寺已经成为群众娱乐的场所。降及后世，舞台演戏，多在寺前，寺内往往成

---

① 本节参照李泽厚对于敦煌研究的意见，见《美的历程》，第6节，文物出版社1981年版。

为坊商贩麇集之地,所谓佛门清净,梵刹丛林,已成为历史的往事了。

特别是禅宗的兴起,对佛教绘画又起了一大变革。魏晋时期,士大夫爱好清谈,后与佛教相结合,在中国发展而为禅宗。中唐以来,盛行不已。在文人士大夫中,谈禅成为风尚,压倒其他佛教各宗。不必勤修苦行,不必出家,也可成佛。不要一切宗教的烦琐仪式和教义,要求信仰与生活完全统一,不必自我牺牲,也可成佛,而且成佛也就是不成佛。从"顿悟成佛"到"呵佛骂祖",从"人皆有佛性"到"山还是山,水还是水",重要的不只是"从凡入圣",而更是"从圣入凡",同平常人的日常生活完全一致,只是精神上得到超脱,食肉饮酒,无须执着。"担水砍柴,莫非妙道",甚至"道在矢溺"。这样就不须诵经礼佛,不要偶像,宗教的艺术就为世俗艺术所代替,以后山水、花鸟、人物、犬马等世俗的画题,就充实艺坛了。

四 唐以后山水画的发展

中国人民热爱祖国的河山,各处壮丽的风景,多被写入画图。中国山水画,在绘画中成为独特的形式而驰名世界。它的渊源是很久的。在商代的甲骨文中，就写出了"山水"的形象。在周代的诗歌中，北方的《诗经》与南方的《楚辞》，都有歌颂山水的章句，汉诗汉赋更不用论。至六朝时，著名诗人陶（潜）谢（灵运），都以流连山水，写出不少名作，山水业已入画。宗炳《画山水序》曾有"峰岫峣嶷，云林森渺"的状写。但当时的山水画，多不过是人物画的附庸，如摹本顾恺之《女史箴图》《洛神赋图》等传世之作，都只是把山水作为背景。张彦远《历代名画记》说"其画山水，则群峰之势，若钿饰犀栉，或水不容泛，或人大于山。率皆附以树石，映带其地，列植之状，则若伸臂布指"，可见在画法上还是不大活泼自然的。

到隋唐时代，山水画有所进步。隋展子虔《游春图》，近人考证，疑为伪作。至唐有大小李将军，画金碧山水。吴道子以画佛著名，亦能画山水，唯真迹已不可见。据此则山水画有所成就，是在盛唐时。所谓"山水之变，始于吴，成于二李"，画蜀中山水，李思训费数月之功，吴道子以一日成之。以此推想，他们的画法颇有不同。传世的山水画，形式上大致分三种，一为短而宽的画屏，二为长的手卷（王希孟《千里江山图》卷，即属此类），三为团扇、册页小品。

唐以来名家辈出，其著者有王维（唐）、荆浩（五代）、关同、董源、巨然、李成、范宽、郭熙、米氏父子、李唐、刘松年、赵幹、赵世遵、赵白驹、夏圭、马远等,至元而有黄公望、王蒙、倪云林、吴仲圭、赵子昂等,至明而有沈周、文徵明、戴文进、吴伟、周东村、唐寅等。这些画家们各有自己的风格,随时代不同而各具其面貌。大抵初期山水画极重写实,作者于其生长之地,目所习见,即将眼前丘壑林峦写入图中,如营丘李成,长安关同,华原范宽,为北宋的三大家。因其乡土之不同,所表现的即各有地区的特征。"齐鲁之士唯摹营丘;关陕之士唯摹范宽",他们的追随者,也多具有各个画派的特色。李成徙家青州,虽曾学于关同,能写峰峦重叠,但李成的特点,仍在描写齐鲁的烟云平远景色。《图画见闻志》说:"烟林平远之妙,始自营丘。"《圣朝名画评》说:"成之为画,……扫千里于咫尺,写万趣于指下。……林木稠薄,泉流清浅,如就真景。"可见他的写实本领。据说关、范、李三家,都学五代的荆浩,荆浩作为北宋山水画的先驱者,正是精心苦练,最熟习他所描绘的景色。荆浩可以说是开创写实主义山水画的大师。据传为荆浩的《笔法记》说:"太行山……因惊其异,遍而赏之。明日携笔复就写之,凡数万本,方如其真。"这种认真的态度,应该是我们宝贵的传统。荆浩复继六朝谢赫关于人物画的"六法"之后,更提出山水画的"六要"，这就是气、韵、思、景、笔、墨，其中心思想，最重要的是在形似的基础上，来表达出自然的生命、韵味。他提出了似与真的关系，"画者，画也。度物象而取其真。……苟似，可也；图真，不可及也"；"似者得其形，遗其气，真者气质具盛"。《笔法记》所提出的从实践得来的学习方法，值得后世遵循。山水人物花鸟的画家，有一个共同的道理，必须求真，不能得真，神在何处，气韵在何处。现代派的自我创造，脱离现实，是不能通过时代考验的。

在北宋三大家中，当时以李成最负盛名。但李成真迹，早已失传。荆浩、关同、燕文贵等作品略逊。能代表北宋者，应是董源与范宽。董画"重峦绝壁，使人观而壮之"（《宣和画谱》）。但其传世作品，写江南平远真景，"尤工秋岚远景，多写江南真山，不为奇峭之笔"。范宽则写关陕峻岭。各有独到。虽意境不同，而皆不离真实。这种不同，只是地貌的性质不同，并不如后世所强分的南北两宗与青绿水墨之异。

自南宋以来，士大夫有亡国破家的感伤，所画剩水残山，表现了凄寂之感。夏圭、马远的作品，与流亡的政权有心理上的联系，因此得到人们的爱赏。尤其传入日本以后，得到日本艺坛重视，形成一个流派。禅僧与画僧，颇受它的影响。

在民族斗争、政权变革之际，有一些知识分子，不甘屈服于异族之下,常常遁迹山林,逃入缁流,以气节相尚,吟诗作画,来反映他们的意见,他们对传统的山水画法有所变革,因重其人而重其画。明末的石涛、石谿、渐江、八大山人等,都是在这种情况下产生的。在明末清初时,董其昌、莫是龙等创为南北宗之说,董以南宗自命,实际上他不如这些画僧们的胸襟高阔,而又热心荣利,与"画神"并不相似,所谓"翩然一只云间鹤,飞去飞来宰相衙"者。但他因握有品藻书画的权力,所以在清初颇有影响。四王画派,就是在他的倡导下,在宫廷得到重视的。四王崇尚摹古,吴、恽颇有新意。吴历受西法的影响。恽格兼工花卉,与四王小异。有清一代,因四王地位显赫,所以他们的影响一直到清代末年。

五 唐以后花鸟画的发展

花鸟虫鱼的图样,最初是作为染织、镜鉴等工艺美术品上应用的,唐以后才成为独立绘画的题材。它的兴盛是在五代宋元时期。五代时,西蜀有黄筌,江南有徐熙,号称黄家富贵、徐熙野逸,成为不同风格的两派。但就传世之作及其流派的作品看,都注重形神兼备,设色有浓淡之异,而造型都很超妙。世谓山水无近景,花卉无远景,盖以逼真为上。至今有勾勒与点染的不同方法，也有勾花点叶两者并用的方法，大概并无固定的程式。

在宋代，徽宗赵佶，就是一个写生能手，同时也是一个写真能手。今传世有《桃鸠图》及《听琴图》，一藏日本，一藏故宫。这两件作品，代表赵佶的水平，也代表宋画院写生写真的水平。由于宋代统治者的爱好鼓励，一时名家辈出，据宋郭若虚《图画见闻志》载：花鸟门凡廿九人。其中黄居寀、徐崇矩、徐崇嗣，是徐黄两家的后嗣，以黄氏占宫廷画院优势地位，徐氏亦效黄氏，趋于统一。其他如唐希雅、赵昌、易元吉、崔白、艾宣等，皆一时之秀。其作品有传有不传，所画翎毛花果，皆生动逼真，此为传统古法。

至元初而有赵孟𫖯、钱选、王渊，兼擅人物花鸟竹石，画法接近宋人。由于元代的野蛮统治，有不少文人画家逃避山林，至元代的后期，在花鸟画上已出现了避繁就简的作风。至明此风遂盛。花卉中梅、兰、竹、菊，成为人品的象征、节操的表现，不重描绘自然界的实体，画中更多表现的是哲学含意。这些画家中又往往是能诗善书的高手，用诗来表达画的意境，它掌握在文人的手中，文学与艺术相结合，彼此互相唱和。文人画之出现，自视甚高，遂与工笔画殊途并进，各得其趣。

至明花鸟画家有边文进、林良、吕纪，后期有文徵明，兼工山水、花卉。项元汴画竹菊怪石，孙克弘画梅竹，周之冕画花鸟，调和徐黄两派画法，创为勾花点叶，兼得陈淳、陆治两家之长，对后来的花鸟画家，影响很大。自明万历以后，花卉大写意有徐渭，开后来扬州八怪之端。清代前期，有蒋廷锡、陈南楼、恽格、沈铨、边寿民，皆一时高手。乾隆时的扬州八怪，独树标格，各自成家，然其以墨为骨，重在写意，是其共同之点。于时为扬州新兴资本家盐商所重，靡然成风，其流于狂怪者可以不论。至清末赵之谦、吴昌硕等，力求造型设色之美，实超越乎前辈，为现代大家，在写意的花卉画派中，有卓越的成就，简笔枯淡之习，一扫而去。虽不必尽按宋元旧规，自是花卉艺术的一种发展。

清末宋光宝传艺广东，东莞居廉、居巢兄弟从学，并受海外画法影响，别开生面。为广东花鸟画派，创出新的意境和方法，在东南海域，有不少杰出的人才。如郑锦、陈树人、高剑父、高奇峰兄弟，皆精工此道。

在现代对花鸟画卓有成就者，有徐悲鸿、陈之佛、陈师曾、陈半丁、张大千、张龢庵、齐白石等。东莞邓白学于陈之佛，远绍居廉，常州谢稚柳，马鹛如远绍恽格，武昌王霞宙、闻钧天，皆一时之秀。北京擅工笔花卉者，有于照、俞致贞、田世光等，皆不失前人矩范。

六 中日绘画的关系

日本绘画与中国绘画关系甚深,从汉代起,两国就有文化交通。《三国志·魏书·倭人传》中,曾说到倭女王国派特使来华的情形。国王都城邪马台,即今大和地方。文中说"男子无大小,皆黥面文身",文身之习,至今保存,谓之"刺青"。"以木绵招头",即以织物包头,"作衣如单被,穿其中央,贯头衣之",这是日本的古服饰。所贡物有"孔青大勾珠二枚",今日本出土古物有勾玉,与记载相合。中华赠物有"亲魏倭王,假金印紫绶","铜镜百枚"及其他贵重物品。早在江户时代(1784年,乾隆四十九年),九州福冈北部玄界滩的志贺半岛,有一农民,名甚兵卫,在掘水渠时,从一块大石下发现了一方金印,送给黑田斋隆藩主,由龟井南溟、上田秋成鉴定,上刻"汉倭奴国王"文字。据《后汉书·东夷列传》载:"建武中元二年,倭奴国奉贡朝贺,使人自称大夫,倭国之极南界也。光武赐以印绶。"这就是后汉时由交聘使节颁发的。今其地已辟为金印公园,永留纪念。

《魏书》中的"伊睹国"在日本的名称,2000多年来曾经数变。用汉字书写,曾改为"伊都"。到了奈良时代,改为"怡土",最后又变为今天的"系岛"。系岛是一片肥沃的平原,以产稻著名。系岛名虽数变,但日语最早的"伊睹"发音,一直延续到今天。

古代从中华赴日本报聘,经由朝鲜半岛、对马岛、壹岐岛,在日本九州北部的松浦半岛登陆。然后"向东南陆行500里,到达伊都国"。在博多湾周围,除伊睹国,还有一些小国,都附属于邪马台国。女王卑弥呼派一"大率"如总督亲临检察诸国,负责进出口的礼聘人员,并将送来的文书礼物,转呈女王,不得差错。伊睹正是国交往来的要港。

就日本考古学者的证明,系岛郡多年以来,不断有弥生时代的铜镜、玉器、青铜器、金具等文物出土。其中特别使人注意的是汉镜的出土,不仅数量大而且年代久。100多年来,在系岛郡一带共出土铜镜120多面,这数量占日本出土的全部铜镜的60%以上。在系岛郡曾出土过从中国传来的前汉镜39面,后汉镜42面,其中有4面是日本当时仿汉镜制造的,直径有46.5厘米,这在日本现在出土的铜镜中是最大的。仿造镜的金属成分和纹样同中华传来的汉镜很相像。这可证明当时中国的技艺与绘画,在弥生时代对日本的影响已很深。在日本的奴隶制社会时期中,在古坟大冢中,所发现的绘画与汉镜正是两国文化交往的证物。证实《魏书》所记赠倭女王"铜镜百枚"及"卑弥呼以死,大作冢,径百余步,殉葬者奴婢百余人"的说法是正确可信的。

魏景初三年(239年),铭文镜在大阪黄金冢古坟发现。中国汉魏时代的文化艺术与日本古代文化艺术密切接触,有了实证。再从隅田八幡出土的画像镜铭文和江田船山古坟出土的大刀银嵌铭文上,看见了6世纪初年的日本古代艺术遗物使用汉字记录历史年代的确证,可知至迟在汉魏时,海洋虽深,风媒已播送了友谊的种子。两国人民的手臂,已经遥遥相挽。

据日本考古学者原田大六说:"现在一般人都说日中两国有两千多年的友好交流史,在我看来,还可以追溯到更远,日中的往来不止两千年。"

中日两国人民的频繁接触,是在隋唐时代。遣隋遣唐使和遣隋遣唐生传播了隋唐的文化艺术,在日本开始出现了佛教的雕塑与绘画。著名的飞鸟时代的遗物,法隆寺所藏的玉虫厨子,在黑漆地上,用朱、绿、黄等油彩,绘《金光明经》中的《舍身饲虎图》等佛本生故事,颇似我国六朝时代的画风。又中宫寺所藏天寿国曼荼罗丝绣残片,据铭文为推古二十九年(621年)十二月圣德太子之母橘妃所绘。在这绣品上,残存有比丘敲钟、天女飞翔、玉兔捣药、莲花坐佛各部分,则中国传说与印度佛教已在大陆结合,传入日本,而有这样的绘画表现。

在奈良时代，公元7世纪建筑的法隆寺，大体仿照中国宫殿式样，是日本古建筑的宝贵遗物。寺内金堂壁画，绘于7世纪末8世纪初年，妙相庄严，婉丽多姿，它与盛唐时代的敦煌壁画，同一风格，足见关系之深。与壁画同时的圣德太子像，服饰冠带，仿佛唐制，写貌传神，也仿佛是一幅美好的唐画，这幅肖像画被称为日本大和绘的初祖。在奈良正仓院中，曾保存着不少唐代传去的艺术珍品，为日本的国宝。我们研究日本的大和绘，可以明显地看出它与唐画的密切关系。阎立本等名画师写真的技法，已经成为中日两民族绘画技术上共同遵循的法则了。

到天平时期，药师寺所藏公元8世纪的吉祥天女像，与正仓院所藏鸟毛立女屏风作风相同，都是脱胎于唐画的手法。据日本美术史家关卫所说："这画的背面，记有开元四年（716年，日本元正帝灵龟二年）的年号，其为中唐的画，自可明白。"（见《西域南蛮美术东渐史》）这些画用墨勾出轮廓线，施以丹、绿、蓝等色，论其技巧，若与张萱、周昉所画的唐代仕女对看，细致丰腴，色彩柔和，正像一母所生的姊妹。近年在西安（唐代的长安）附近，发现不少唐墓壁画，如咸阳底张湾唐代景云元年（710年）万泉县主薛氏墓，唐章怀太子李贤墓,唐懿德太子李重润墓和唐永泰公主李仙蕙墓(武则天大足元年,701年)等,都有丰富的壁画,风格类似。从知日本白凤(7世纪至8世纪)与天平(8世纪至9世纪)时期的绘画,染受着唐代画风的浓重影响。

8世纪的另一著名作品,是醍醐寺报恩院所藏的《绘因果经》八卷。这个绘卷以上图下文的形式,描绘了佛本生的故事,并且衬托着树石亭阁,其中人物的画法,以及表现树石的方法,写经的书法,都显示着唐代的艺术作风。这个绘卷下启日本绘卷物的美术式样,并且是后来木刻印刷经卷上图下文的常用形式。

到8世纪末,日本都城由奈良迁于京都,从9世纪开始的平安时代,在画风上继续着唐绘的规范。日本高僧空海(弘法大师)与最澄(传教大师)等,随遣唐使入唐求法,传入了天台、真言两宗,并把唐朝佛教密宗的佛画图样也带入了日本,于是佛教美术由显教转于密教,出现了不少白描的图像。如京都神护寺的金刚界曼荼罗,教王护国寺的胎藏界曼荼罗,都是9世纪的密宗佛画代表作品。又李真所绘金刚智、善无畏、大广智、一行、惠果等五祖肖像,由弘法大师传入日本,这种细致而谨严的写貌传神的技术曾为日本肖像画家所重视。其后加入龙猛、龙智及弘法大师像,称为真言八祖。这些肖像,长期成为日本肖像画法的基础。这个时期,中国的画家也有不少人定居日本,子孙世传其业。日本、中国的美术家,互相学习,融会调和。到了10世纪,日本创立了"大和绘"的鲜明独特风格的画派。

从飞鸟、奈良到平安时代的前期,日本的唐绘派成为画坛的主流。到公元894年以后,日本遣唐使中断,唐绘派有了演变,大和绘逐渐发展。当日本延喜、天历(901—956年)之间,又有中国船舶来往,其后中国宋代的绘画又复输入日本。日本水墨画的产生,同中国宋代绘画的影响不无关系。

佛教在中国,发展而为禅宗。常说心即是佛,不拘形式。在绘画上也发展出新作风,产生了逸笔草草、不拘形似、不用艳丽色彩的水墨画,以枯淡为贵。日本的僧人不断来中国,中国僧人一宁、良全等也去日本,把佛教的禅宗传入日本。在13世纪以后,日本出现了如拙、周文、宗湛、雪舟、宗誉、雪村、秋月、宗渊、周德等禅师而兼画师。同中国一样,日本水墨画与禅宗的关系也是很深的。在日本的室町时代,中国的水墨画风可以说盛行于日本的画坛。试以雪舟为例,他的画曾吸取了夏圭、马远的画风。他又曾游历中国,住四明天童山学习,至老作画犹眷眷于中国的风物,在画中表现出了浓重的中国景色。

据小室翠云说[①]，"以雪舟为始，东山时代，往游中国的画人，多学院体画风。至明清变革之际，明人避乱而来长崎，水墨画随之移来。为之先驱者乃僧逸然，他于禅余喜弄墨戏。以画传之渡边秀石、河村若芝等，石崎元德、小原庆山等继起学习。其后沈南苹东渡，带来了清代的新倾向，及尹孚九来长崎，更传文人画，颇适合当时日本的趣味，在文化文政之时（1804—1830年），最为隆盛。从德川末期至明治初年，名手辈出。为此新潮流的代表者如祇园南海、服部南郭、柳里恭、池大雅、彭百川等，呈一时的盛观。他如山口雪溪、望月五瞻，研究宋画的古意，与谢芜村以元明的画法与俳画相调和。曾我萧白倡导东山复古，蛇足之后有伊藤若冲，出自狩野画派，更加上光琳派的画风，各发挥其特色，其后入于明治时期，始趋衰运"。这可以说是中日绘画艺术，如胶漆相投，历时颇久。

日本浮世绘产生于17世纪，当我国明代版画艺术高度发展以后，其初期的木刻浮世绘版画曾受到明版画的影响。日本庆长十三年（1608年），光悦本《伊势物语》刊行，是为木刻浮世绘的开端。进入江户时代，艺人辈出，岩佐又兵

---

① 见《南画的起源》，载于大正十一年十月，《东洋》十月号。

卫（字胜以，1578—1650年）绘有《庶民游乐团扇图》《王昭君图》等，为首出的浮世绘师。至菱川师宣，实为重要的一人，所作《绘本风流绝畅图》即由于看到中国的彩色版《风流绝畅图》加以摹刻。又如丹绘开始于日本延享年间，延享三年（1746年）法眼大冈春卜出版《明朝生动画园》3册，刻有明画59图，绘者有文徵明、东郭、孙克弘、戴文进、丁玉川、朱铨、文衡、王维烈等。康熙时我国所印套色版《芥子园画传》亦为日本所翻刻，日本浮世绘师们常常参考中国的版画，这在日本浮世绘版画的初期发展上，曾有不少影响。至现代，日本对于西欧新版画技法，居先接受，曾转而教导中国版画的学徒。在新中国成立前，鲁迅为了培育新木刻的技术，他在上海组织了木刻学习班，请来了内山完造之弟日本木刻家内山嘉吉讲授技法，鲁迅并自任翻译，这对中国的革命文艺事业，有了很大的助力。

在现代，中国有不少著名的艺术学者，也曾赴日本学习过。如著名的艺术教育家兼画家徐悲鸿，在赴法以前，曾到日本，参观学习一年。江苏的吕凤子、吕秋逸兄弟都曾到日本学习。凤子教学美术数十年，秋逸讲美术史、色彩学等于上海美专及南京美专。李叔同（弘一）学艺日本，归国介绍美术技法及西洋美术知识，从事艺术教育工作。广东岭南画派的画家，如何香凝以画虎著名，高剑父、高奇峰兄弟善画猿鸟花果，独树一帜，陈树人、经亨颐画花鸟竹树，构图新颖。他们多出于日本关东关西画作的指导。

在我国北方的画家郑锦，学于日本，所作花木鸟兽，技法谨严，为中日艺坛所重。他曾任北平艺专校长，培育出不少著名人才。北京著名画家陈师曾（衡恪），对于书法篆刻、花卉诸作品，都有独到，并讲授中国美术史于南北各大学，早年也曾学于日本。卫天霖学于东京美术学校，1928年回国后，任北平大学、北平艺专、华北大学、师范大学等校教授。在南京的陈之佛、傅抱石皆学于日本，在国际上有很高的声誉。其他有成就的画家还不少，不能备举。足见中日绘画有很深的关系。

中国书法艺术

一 中国书法的源流

中国文字,在远古时代,是一种美丽的象形文字,它是从图画开始的。因此中国的字体,自古以来,就要求匀称美观,它不单是记录事物、作为传达文化的符号,同时也是一种艺术。

中国早期的文字,是从商代的古迹(殷墟)中发现的甲骨文字,看起来,其中就有不少图画的形象。这些刻在龟甲兽骨上的文字,有山、川、日、月的形象,有鸟、兽、草、木的形象,也有宫、室、城、郭的形象,从而知道那个时代社会发展的概况。我们中国在5000年前,已经有美好的文字产生,而且奠定了中国文字的基础。

在商周时代,还铸造了不少精美的青铜器。尤其在西周和东周的青铜器上,铭刻了不少文字,这些文字除了记录着铜器的作用和铸造的意义以外,同时也非常讲究字体美观,有的字体厚重,有的字体秀丽,有的字体用黄金嵌成,仿佛是图案的装饰。大概北方的文字比较朴质,南方的文字比较秀巧。至今书法家还有模仿这种字体的,称为钟鼎文,也叫"大篆"。

之后,秦统一了中国,并把东周列国时的各种不同字体,给统一了起来,创造了"秦篆","秦篆"传说是秦丞相李斯等制定的,后来的书法家也管它叫"小篆",以区别于秦以前的篆书"大篆"。

但是学写篆书,要费很多工夫,并不是轻易可以写好的。秦初为了进行国家机关工作,事务很繁,如兵役制度、法庭规章,以及户籍、谷物的收入等,若使用篆书,进度较慢,因而产生了一种较篆书简易的书体,这样可以便于当时的工作人员"隶人"的速写,因此管它叫"隶书"。隶书在当时大概只用于下级吏员的工作中,如秦代的记功刻石、朝廷诏令,还是使用篆书。但是到了汉代,隶书就成了通常使用的正规文字,有不少著名的碑刻都是用的隶书。例如《礼器碑》《曹全碑》《韩仁碑》《史晨碑》等,这些汉代的碑刻,都是当时的名笔,是可供今日学习隶书的模范。

隶书比篆书虽已简易,但还不能满足时代的需用,于是又从隶书中变化出章草。章草虽是草书，但字与字不相连属，用笔犹与隶体相近，所以也叫"草隶"或"隶草"。后来北魏人的写经，多学此体，自具一种朴美的笔姿。章草的开始，据说是在汉元帝时，史游作《急就篇》共32章，因为赴速就急，便于缮写，因此叫它"章草"。大概在史游以前，已有这样的书法，到了史游，斟酌增减，正式用之于章奏，于是有了这个名称。章草为草书之祖，到了晋唐时代，又有从王羲之到孙过庭等人所写的今草，信手挥洒，任情增损，笔势活泼，行气贯穿；到怀素作狂草，有如龙蛇飞舞，全取线条的美观，草书却反而难写难识了。

由章草再演变，产生了楷书。东晋人所写的楷书，起初犹存章草的笔意，所以章草应列为隶书与楷书的中间阶段，它的笔意，上可以通隶书，下可以通楷书。到六朝以后，楷书大行，书法各体，于是美备。虽书法家的笔姿人多不同，结体也各异，但到了唐代，可以说书法上的各体，都已应有尽有了。

二　楷书的艺术

中国的书体，大致可以分为真、草、隶、篆4种，每一种又可分为不同的笔姿和结构。学书法的人，最好先从真书也就是楷书入手，首先练习横平竖直，结构匀称，进而讲求笔姿的美观，才能在实用中收到艺术的效果。

楷书开始于魏晋时代，汉代有隶书，还没有楷书。我们看到和现代楷书接近的书体，有魏时钟繇的书法，在丛帖中传刻有他的遗迹；又有吴时的《谷朗碑》，它的字体笔画，已和现在的楷书相差不远，但仍含有隶书的笔意。现在流传的西晋人陆机的《平复帖》，与章草相似；中国西部新疆出土的大批木简，也是如此，因此可以知道楷书在晋初仍然不大通行。到了东晋，才是楷书流行最盛的时期，东晋王羲之等大书法家，开风气之先，又由楷书变化出行书，至今千余年来奉为书法的规范。

晋代在怀帝司马炽、愍帝司马邺时，先后败降，为刘聪、刘曜所虏，西晋的政权便告终结，元帝司马睿迁都建业（南京），建立政权，史称东晋，地域划分，开始了南北朝的局面。这个时期的书法，由于南方和北方的风习好尚不同，也出现了不同的风格。

在南方的代表书法家，以王羲之（东晋）、王献之（羲之的儿子）、王僧虔（南齐）、僧智永（陈，王羲之七代孙）等为最著名。在北方的代表书法家，以索靖（西晋）、崔悦（后赵，书学卫瓘）、卢谌（东晋，书学钟繇）、高遵（后魏）、沈馥（后魏）、姚元标（北齐，善草隶）、赵文深（北周）等为最著名。

清代阮元论书法，分为南北两派，他说：南派长于书牍，北派长于碑版。又说：江左风气，比较疏放，北派继承中原古法，比较拘谨拙陋。现在就留传的古迹看，钟繇的书法，是南北两派共同学习的。北派留传的书牍很少，南派因为禁止立碑，留传的碑版也较少，但是晋有《爨宝子碑》《南乡太守郭休碑》等5种，宋有《爨龙颜碑》等3种，齐有《吴郡造维卫尊佛记》等2种，梁有《始兴忠武王碑》《散骑常侍安平王碑》及梁代诸王公墓阙等22种，陈有《赵和造像记》等2种，俱见于康有为《广艺舟双楫》的记载。这些碑刻的用笔，也很严谨。大概刊碑与书牍不同，书牍的笔姿，可以流利不拘。如钟繇、王羲之、王献之等所遗留的书帖，都是如此。北派多继承汉碑的隶法，所以魏碑的字体，以拙重方整见称。南派与北派，各有所长，姿态各异，丰富多彩，学书法的人是应该选取精华、共同吸收的。

楷书在隋代有进一步的发展，隋代统一了南北，在书法上也综合了南北的艺术，用笔方圆并妙，修短合度。字体的结构，也非常美观。例如《苏孝慈墓志》《董美人墓志》这种簪花妙格，可以说总结南北书派的优点，为唐人书法开导了先路。

隋代之后，唐代的书法灿烂艺坛，真如百花齐放一般。在楷法上，多继承二王（王羲之、王献之），如虞世南、褚遂良等，但又都各有各的面貌。唐初的书法如欧阳询、虞世南，原来在隋代就已经是有名的书法家，所以唐人书法可以说是继承着隋代的基础而发展的。

唐代李世民（唐太宗）最爱二王书帖，尽量收集右军（王羲之）墨迹，甚至特派萧翼去右军的七世孙僧智永弟子辩才处，骗取《兰亭序》真迹。此帖亦称《禊帖》，永和九年（353年）三月三日，右军在山阴，与孙统、孙绰等41人，集会兰亭赋诗，右军制序，即兴挥毫。用茧纸鼠须笔，书法遒媚劲健，凡28行324字，为书帖中瑰宝。李世民骗得此帖真迹后，即令拓书人赵模、韩道政、冯承素、诸葛贞等4人各拓数本，以赐皇室近臣。此帖在李世民死后贮玉匣葬入昭陵，因此失传。唐张彦远《法书要录》卷三有《唐何延之兰亭诗序》记载得很详细。其后兰亭帖翻刻本甚多，以《定武兰亭序》为最佳。今故宫博物院所藏兰亭八柱，笔姿也不尽相同，大概多是唐人临本。在唐代，二王的书法起了很大的模范作用。唐代的著名书家如欧、虞、褚、薛等，无一不受其影响。并且唐时日本留学生将王书传入日本，在奈良时代也成为朝野学习的规范。千余年来，王羲之书《乐毅论》《黄庭经》，王献之书《洛神赋》等，都被学习楷书的奉为法式，可见它影响的深远。

唐以后学习楷书的，多取法唐人。唐代的楷书，确有独到之处。他们继承隋代的基础，又上取法于魏晋，研究钟繇二王，因此在用笔、结体，力求艺术的精到，各个书法家又保持其各人的风格。如欧阳询、虞世南、褚遂良、李邕、颜真卿、柳公权等，都各创一体，卓然有声当时。其他如欧阳通、薛稷、徐浩、苏灵芝、柳公绰、魏栖梧、张旭等，也都各能成家。此外如李白、张籍、杜牧、白居易、司空图、元稹、李商隐等，虽则是诗人文学家，也都善于书法，见于《宣和书谱》的著录。我们从近年敦煌千佛洞发现的唐人写经卷子看起来，有许多不著名的经生书手，大都落笔秀雅，结体茂美，可见唐代能书的人是很多的。

唐代的楷书碑帖，留传较广，便于学习的，今举数种，以供参考。

欧阳询：《醴泉铭》《皇甫诞碑》《虞恭公碑》《化度寺碑》。

欧阳通：《道因法师碑》。

虞世南：《夫子庙堂碑》。

褚遂良：《雁塔圣教序》《孟法师碑》《兒宽赞墨迹》。

薛　稷：《信行禅师碑》。

魏栖梧：《善才寺碑》。

李　邕：《岳麓寺碑》《端州石室记》。

颜真卿：《大唐中兴颂》、《多宝塔碑》、《颜勤礼碑》、《颜家庙碑》、《东方画赞碑》、大字《麻姑仙坛记》。

柳公权：《玄秘塔碑》《金刚经》。

上举各种唐人楷书，结体用笔已足够我们学习书法的去临写。若果日日对临，不过一年，就可略具规模。幼年初学书法，应该从大楷写起，能够悬起腕肘来写更好。握笔宜紧，手掌宜虚，身体坐正，持笔应直。与用钢笔斜书不同，因为毛笔的笔锋，具有弹力，笔正则钩挑轻重，使用几分笔，都可如意。因此它与钢笔的性能完全两样，初学者不可不知。

学楷书从大楷写起，能悬腕则行笔自如，能让笔势开张，大楷学好，然后再收缩笔势，练写小楷，便不致显得拘束窘迫。著名书家流传的小楷，也与大楷的气势一般。古代小楷名帖，留传得不多，最著名的有《宣示表》（钟繇）、《黄庭经》、《乐毅论》、《东方朔画赞》（王羲之）、《孝女曹娥碑》（唐以前书，书人不明）、《洛神赋》十三行（王献之）、《破邪论序》（虞世南）、《般若波罗蜜多心经》（欧阳询)、《黄帝阴符经》(褚遂良)、小字《麻姑仙坛记》(颜真卿)等。其他隋唐人墓志及写经,也有不少可爱的书法,足资学习。钟繇《宣示表》,用笔厚重,犹有北碑章草的遗意,为大书家王羲之所遵,可以说是小楷之祖。

学写书法,把大楷练好以后,上可以写北碑汉隶,又可以写行书草书,楷书是书法的基础,不可忽视。若果不能练好楷书,便欲先写行草,那是很难有成的。

三 北碑的书法艺术

自唐代以后,人多学习楷书,但是到了清代,这200多年的科举,以书法整齐取士,流行了所谓馆阁体,使笔致呆板,奄奄无生气,降低了书法艺术的精彩。于是有人开始提倡学习北碑汉隶,以矫正这种流弊。泾县包世臣作《艺舟双楫》、南海康有为作《广艺舟双楫》,主张最力。

北碑流行于北朝,自东晋以后,北方的刻石盛行。北碑的书体,自具一种风格。它继承汉隶的笔法,结构谨严,笔姿厚重,石刻传世的很多。康有为曾说:"北碑笔画完好,精神流露,易于临摹。"又说:"唐代人论书法艺术,专在字体的结构,宋代人论书法艺术,专重用笔的意态。但是六朝的碑版,各体都有,这是很便于学习的。"

现在略述北碑中优秀的作品,作为我们学习的模范。

北碑最盛的时代,是在北魏。北魏太和以前,只有秦从造像、巩伏龙造像等二三石刻,到太和以后,有不少书法名笔出现。如用笔飘逸的有《石门铭》;用笔古朴的有《灵庙碑》《鞠彦云志》;用笔古茂的有《晖福寺碑》;用笔瘦硬的有《吊比干文》。其他如《灵庙碑阴》《郑道昭碑》《六十人造像》等,笔姿高秀;《李超志》《司马元兴志》笔姿峻美;《张猛龙碑》笔姿精到;《张黑女志》笔姿稳练。此外,《刁遵志》《高湛志》《李仲璇碑》《敬使君碑》等都显示朴质厚重的气象,为魏碑中的精品,久已有声艺林。学书法的人,能够精心练习,得其一体,就可以名家。这些著名的石刻字体整齐凝重,是从隶书到楷书的中间阶段,若果先学魏碑,则写出的楷书便不庸俗。虞世南、欧阳询等人的楷书,所以写得挺拔有味,实际上是从魏碑的渊源脱化而来的。

到隋代在政治上结束了南北朝的分立局面,隋代的书法兼取南北之长。康有为称赞隋碑说:"隋碑内承周齐峻整之绪,外收梁陈绵丽之风。故简要清通,汇成一局,淳朴未除,精能不露。"(见《广艺舟双楫》卷三)这意思是说:隋代的石刻,继承着北周、北齐峻劲整齐的骨骼,并吸收了南朝梁代陈代那种轻柔秀丽的风致，因此创造出一种有骨有肉、丰神俊美的书体。看起来，有朴厚的味道，它的精彩内涵，藏而不露，是隋代书法的特色。

隋代的著名石刻，有《巩宾墓志》《贺若谊碑》《惠云法师墓志》《苏孝慈志》《舍利塔》《龙藏寺碑》等，《巩宾墓志》结体完整，《舍利塔》运笔开朗，《龙藏寺碑》笔致结体，安稳浑静，吸取分隶的众长，如《吊比干文》《郑文公碑》，刘懿、李仲璇诸刻的精彩，统收入于用笔结体中，这是唐代虞世南、褚遂良等法书所从出的根源，因此我们学习唐以前的北碑楷隶，都应该加以重视。

研究北碑，是研究北魏到隋代必不可缺的资料。近年来，在中国西部又发现不少北魏周隋时代的墨迹，如新疆出土的北魏写经《西域考古图谱》所影印的北魏写经、敦煌千佛洞所发现的唐以前写经，以及近年在甘肃麦积山和炳灵寺[①]所发现的大代、西秦墨书的石窟题记，这些古代遗留的墨迹，更好地让我们看到当时人的笔墨风格，比之石刻的更加亲切有味；这些作书人的名字虽不可考，但是可见到一般社会的笔姿墨韵，都有其一致的艺术特点。

---

① 见《文物》1963年10期。

四　章草的艺术

草书的历史很早,在汉代已经开始。传说在汉元帝的时候,有黄门令史游,善于草书,现在留传的有他写的《急就篇》,就是用草书写的,因为这种字体可以用在草写奏章上,所以也叫作章草。远在中国西部新疆考古所发现的木简上,已经有相类似的字体,可以说是社会上为了需要而产生的,并不一定是史游个人的新创。后汉的赵壹作有一篇《非草书》,说是草书创始于秦末,以便于速写。许慎也说"汉兴有草书",就是在汉代初年出现了草书,这都与现在发现的汉代木简相合,这种草书可以说是在秦末汉初产生的。三国时代的纸写卷子,都带有隶书的笔法,也可归入章草的一类。

章草的书法艺术,仍然有些隶书的笔致。每个字分开,上下多不连属,它原是从隶书演变的。它是解散了结构严整的隶体,使之更加简便。它的用笔,既然是沿用隶书的方法,因此起笔与住笔处,特别是在"捺"画收笔处,可以看出全是隶书的方法。

在后汉时候的张芝,相传他最长于写章草,又说"今草"也是由他从"章草"变化出来的。张怀瓘的《书断》

说:"'章草'之书,字字区别。张芝变为今草,加其流速,拔茅连茹,上下牵连;或借上字之终而为下字之始,奇形离合,数意兼包。"他这个意思是说:"章草"的书法,每个字都分开,不连在一起。到张芝从"章草"变化为"今草",把笔势加快,上边的字与下边的字相连成为一串,有如茅草的茎蔓一样;上一字的终了就是下一字的开始。这都说明"今草"的笔势是连续的,而"章草"则是字字分开的。

"章草"是从隶体变化的,章草的笔势,仍似隶书,如章草的横画仍然是向上挑,左边的波,现在叫撇,右边的磔,现在叫捺,也如同隶书分张的笔势。但其用笔由于不甚提高,在转笔的地方,往往互相连带,细如游丝,圆如转环,这和隶书中一笔一画、截然分开显然不同。草书中有"笔有方圆,法兼使转"的说法,这是由隶草到今草的一大转变。我们学写章草,也要研究隶书的方法,横笔竖笔都要像隶书一样劲直古朴,笔画又要互相连带,如同今草一般,旋转生姿,这是学章草的人应加注意的。又《续书谱》说:"大凡草书,先取法张芝、皇象、索靖等几位章草的书法,这样就可以笔画横平竖正,有挺拔朴厚的意味,不能像今草的笔势歪斜,流走不停。"章草的笔法是从古隶得来的。学习了章草,同时也为今草打好了基础。

章草的书法，古朴质厚，它是草书的早期书法。从史游《急就篇》以后，颇盛行于北朝。如现存的陆机《平复帖》，便是章草的一种。到了初唐时期，也还有能写章草的，例如褚遂良写的《黄帝阴符经》、无名氏的《月仪帖》，都可归于章草的一路。到了晚唐以后，多写行草或狂草，写章草的就少见了。元代的赵子昂、郑文原，明初的宋仲温，也曾写过章草。但是赵子昂所写的《急就章》，笔姿绵软，看起来柔媚光润，华而不朴，渐失古意，这也是时代的风会所趋，虽然像赵子昂这样的大书家，学古也不能完全似古了。

章草的书法，至今留传有汉魏晋时代的墨迹，并有传刻的书帖。

五　草书的艺术

今草是章草的演变，其笔姿多似楷书。今草相传后汉时的张芝最为擅长，是他从章草的书法，加以演变而来。张芝字伯英，原为敦煌人，后迁弘农。少年好学书法，用功很勤，临池学书，池水尽黑。曾见蔡邕作的《笔势论》，遂作《笔心论》五篇，对书法深有研究。曾说他下笔为楷书，匆匆不暇草书，这样说章草比楷书更加慎重了。张芝既能行草，也善章草，能吸收各种书法的长处。唐代人评他草书第一,章草第二,行书第三,俱神品,隶书也列入妙品。他的草书名声很大,因此被称为"草圣"。

今草既然是从章草的基础上演变的,因此若果要写好草书,就不可不研究章草,从章草中学习用笔的方法,这样书法艺术才不落庸俗,朴厚可爱。

自从有了今草以后,由汉到唐,虽则都尊张芝为祖,但是各著名草书家的面目也不相同,有如一祖的子孙,分派很多。从用笔的形式看,大体上可以分为三种不同的风格。

第一是张芝、张旭、怀素等的草书,这是大草一派,也叫作狂草。这种草书,笔势奔放,连绵不断。尤其像怀素的书法,一笔直下数字,传说怀素拿起笔来,如电掣一般,随手万变,酒酣兴发,遇到墙壁衣物器皿,无不书写;又说他家贫无纸,种芭蕉万余株,以供他放笔挥洒,后来曾做一漆盘,书至无数次,盘板都写穿。怀素书法可以说是狂草。张旭也以善作狂草出名,诗人杜甫说"吴人张旭善草书书帖",又说他看过了公孙大娘舞剑器,那种淋漓顿挫的舞势,因此就用到他狂放飞舞的笔势上。又传说张旭醉后,以头濡墨,这都是形容他作狂草的姿态。

张芝、张旭、怀素这一派的书体,在《阁帖》中有所传刻，现在留传的张芝五帖，除了第五帖"秋凉平善"是章草而外，其他四帖，都是今草，也并非整篇连绵不断；不过从笔锋中可以见到互相呼应、贯串一气的笔意。

张旭书法，学习张芝，《阁帖》第五卷有张旭二帖，用笔结体与张芝的书法相似。在张旭之前，有一帖就是怀素写的"真书过钟"一帖，他另传有《自叙帖》，与此帖不同，而此帖却与张芝、张旭的书法相似。这几种草书，传刻已久，真假虽不能断，但是大草、狂草属于这种笔势，那是可以想见的。

第二是王羲之、王献之父子的草书一派。羲之字逸少，山东临沂人，幼时就学书法，13岁时，已能吸收前代书法的长处，功夫日日进步。当时的名书家卫夫人，一见羲之的书艺，就说他深刻了解用笔的方法，将来成名，必定在她之上。羲之初学卫夫人的小楷书，不能造微入妙。后见李斯、曹喜篆书，蔡邕隶八分书，于是汇合众长，笔迹润秀、风神盖世，独创一家之美。他自己也说他的书法，可以并肩钟繇、张芝，有时甚至超过了他们。王献之是羲之的第七子，字子敬，七八岁时学书法，他父亲从背后暗掣他的笔，觉得他握得很牢，因此赞叹他以后书法当享大名。他幼时就能在壁上书写，作方丈的大字，他父亲很称赞他能干。当初学他父亲的书法，后又学张芝，以后改变制度，别创自己的方法，独出心裁，在行草之外，更开一门，不完全是草书也不完全是真书，笔姿兼真的叫作真行，笔姿带草的叫作行草。献之的书法，在行草之间，和他父亲并称"二王"。

二王的书迹，在唐代最受尊重，因此留传得比较多。在《阁帖》中，羲之书帖有六、七、八共3卷，献之书帖有九、十共2卷。羲之的3卷包括有159帖，献之的2卷共包括有76帖，都是行草相杂。其中也可能并不完全都是真迹，因为传刻已久，就是真迹也会走样。王羲之最得意的书法是《兰亭序》，自唐代被李世民骗去，死后葬入昭陵，遂已失传。唐代几位大书家临摹的，都一人一样，不知谁是《兰亭序》的真面目。等到刻以上石，又不尽与摹本相同。传世的兰亭刻本，约有百种，以《定武兰亭序》和《颖上兰亭序》最为有名，但两本也不全像，因此知道，也是摹本上石，已经失真。

王羲之传世的墨迹，鉴定家多疑惑是双钩填墨的，但这仅次于真迹，还比较可信。现在故宫藏的《快雪时晴帖》和《奉橘帖》两帖书迹，丰神俊美，最为妙品。传入日本正仓院的《丧乱帖》，存字较多，书法也很可爱，这大概是王羲之书法中比较好的了。石刻中以怀仁集王羲之《圣教序》，存字最多，原石现在西安，拓本易得，学王羲之书法以写此碑最好。《宣和书谱》曾说："模仿羲之之书，必自怀仁始。"因为这是唐刻，可以见到王羲之的笔姿。至于丛帖中所刻王羲之书，都是宋以后的刻本，辗转失真，并不敢断定就是王羲之墨迹本来的面目。

《阁帖》中所刻王献之书帖，可能也是真赝杂出。现在北京故宫博物院藏有王献之墨迹《中秋帖》，每行上下大都笔笔相连，其中就是不连贯的字，看起来气脉也是衔接一串的。据《书断》说：这种书法，起于张芝，叫作"一笔书"，说是只有王献之擅长这种书法的秘诀。第二行的第一字大多接着上行末字的笔势。宋代的米芾《书史》也说："运笔如火箸画灰，连续无端末。"也就是说，连续一笔，写成一串的意思。

从《大观帖》中，可以看出郗愔、王廙等人的书法也与二王相类。可见这种书法，是晋代当时盛行的，并不是二王的独创。又北京故宫博物院所藏晋王珣《伯远帖》，也与二王的书法相近。王珣字元琳，与献之是同时的兄弟辈。他是东晋政治家王导的孙子，有名书法家王洽的儿子，王珉之兄。从王导到王珉，祖孙三代，都以书法著名，王珣的书名为他的哥哥王珉所掩。唐代的张怀瓘评论书艺，把他与王凝之、王徽之等并列四等，在当时王氏善书法的不只羲之献之，不过羲之献之足为代表而已。王珣的《伯远帖》与《三月帖》曾著录于宋徽宗时的《宣和书谱》，说王珣原以才学文章著名当时，官至尚书令，因此为世所知不在书法，但看他的墨迹，也很优秀。

自从唐代提倡二王的书法，相习成风，但对于二王书法的韵味，并不能完全掌握。宋代名书家黄庭坚曾说："右军父子翰墨中逸气，破坏于欧、虞、褚、薛；及徐浩、沈传师，几于扫地。"他的意思是像初唐时期最有名的书法家如欧阳询、虞世南、褚遂良、薛稷等人，虽写二王，已经破坏了二王书法飘逸的气韵。到了徐浩、沈传师，虽学二王草书，面目虽似，韵味已经扫地尽了。只有颜鲁公的《争坐位帖》还得到一点仿佛而已。

第三是智永、孙虔礼派的草书。这两位是唐代的著名书法家。智永写的《千字文》，孙虔礼写的《书谱》，墨迹留传至今。这一派的草书笔法很有规矩，并且字字区分，都不做连成一串的体势。在唐人草书中，既有韵味，也易临写。《书谱》字既活泼秀润，文章的内容总结过去书法艺术，也很有研究的必要，这是学习书法者不可不读的。

这三派草书，以二王这一派学习的最多，连日本的和汉书法，都受有很大的影响。张芝和张旭留传的书帖很少，仅在丛帖中见有传刻。张旭和怀素又非常狂怪，如怀素的《自叙帖》，满篇飞舞，有如龙蛇夭矫，但是只可有一，不宜过多；

历来评书家都以这种书体近俗。宋代的苏轼曾有诗说："颠张醉素两秃翁,追逐世好称书工。"也说他们追逐俗好,加以讥嘲。

草书自唐代以后,历代都有名手。宋代四家苏轼、黄庭坚、米芾、蔡襄等,各有自己的面貌。他们都有墨迹留传。苏轼字子瞻,号东坡,四川眉山人,因为文章的名声很大,书法也驰誉远近。他所留传的墨迹,以在杭州写的《天际乌云帖》和在黄州写的《寒食诗帖》写得最好,丰神俊美,笔姿流利,不愧为名作。他的弟弟苏辙、儿子苏过,也都善书,和他的字体相类。黄庭坚字鲁直,又号山谷道人,书法瘦劲,较苏轼书字体略长,以前人说他深得兰亭风韵,然行不及真,草不及行(见《洞天清录》),小楷行草,都很挺秀,苏黄并称,不易分别高下。米芾字元章,书学王羲之,为当时的书画学博士,和他的儿子米友仁,都以善书著名。蔡襄字君谟,书法真行草皆入妙品。宋仁宗时,号称书法第一,欧阳修、苏轼、黄山谷、沈括等人都很推重他。宋代善书的人不少,如司马光、朱熹等,都有墨迹留传,这里不再备举。

到元代的书法家以赵孟頫、康里巎巎、鲜于枢、虞集、柯九思等为最著名。赵孟頫字子昂,善写文章,当时比之唐代的李白、宋代的苏轼,书法各体兼工,现在传世的墨迹颇多。

又善画，也有作品留传。康里巎巎，字子山，书法学王献之，兼学米芾，神韵可爱。鲜于枢，字伯机，善写行草，与赵子昂齐名。虞集字伯生，行草篆书，都有法度，康里子山推重他如"雄剑倚天，长虹驾海"，又说他如"莺雏出巢，神采可爱"。可见他的用笔既有骨力，也很超秀。柯九思字敬仲，为学士院鉴书博士，善书法，也擅长诗文。元代的书法家，可以这几位为代表，现故宫博物院都藏有他们的墨迹。

到了明代，风行大草书，有些不免粗野。其中如宋濂、沈度、祝允明、文徵明等人的书法，也颇秀劲。宋濂字景濂，浦江人，精于小楷，清古有法，草书也有名。沈度字民则，华亭人。书法各体兼工，与其弟沈粲号称二沈学士。祝允明字希哲，吴县人，行书似虞世南、赵孟頫，也能写怀素狂草。文徵明，名壁，更字徵仲，又号衡山，吴县人，学晋唐小楷，行草似智永《千字文》笔法，也善写大字，类黄庭坚。明代书法家，以这几位为代表，北京故宫博物院也都藏有他们的墨迹，可做我们学习的借鉴。

大概学习行书草书，要以晋人唐人为法，唐人也学二王，所以丰神隽妙。到宋元时代的书学家，尚有不少人尊重古法，书艺不落庸俗。到明代大草盛行，成为一时的风气，能够谨严超秀的，已经愈来愈少。现在学习草书，最好先学章草，使草书基础醇厚，再写王羲之《奉橘》《丧乱》等帖；怀仁集《圣教序》，也可临摹。唐代的孙过庭《书谱》笔姿润秀流畅，有其独到之处，不妨作为临池的参考。

草书行书留传的墨迹，近年考古发掘颇有所得，唐以后的遗物也不少。

六 隶书的艺术

学习魏碑的书法艺术，向上更可以追求汉碑的书法艺术。汉碑的书体，我们管它叫隶书。隶书从秦末汉初开始，原来起于民间，比之篆书便于速写，为民间所使用的记录工具，在新疆吐鲁番、居延、楼兰和甘肃敦煌等地发现的木简上有墨书的字，还可以看出汉代民间习用隶书的形式，结构比较简化，笔致也很随便，与正式用于石刻的隶书结体方重显然有着差异。

隶书虽起于秦汉之际，但是在前汉除木简外，留下的石刻资料却很少。现存前汉石刻，仅有以下几种：

1.《鲁灵光殿址刻石》，鲁恭王六年（前149年）山东曲阜。

2.《鲁孝王刻石》，五凤二年（前56年）山东曲阜。

3.《麃孝禹刻石》，河平三年（前26年）。

《鲁灵光殿址刻石》，是在近年发掘出土，为现存前汉最早期之物，其一为篆书，另一为由篆书到隶书的过渡字体，作为书法变迁的资料看，这是很有价值的。麃孝禹刻石也是近年出土，同样为过渡期的字体。

若果要看汉代人书法的墨迹，应该更加重视在新疆所发现的木简，其中有汉王朝的年号，可以断定为某一时期人的手笔。这些两汉时期的实物，现存有500简以上，从前汉武帝的太始元年简、太始三年简、宣帝的本始六年简，它们所使用的书体，都是八分的隶法。这是公元前1世纪时隶书所发展的形式。到王莽的始建国天凤元年简，八分隶体已经到成熟的阶段，也就是我们在后汉末年所见到石碑上的八分隶书。据此可知在公元初年，早于碑刻200年，汉人墨书的木简已经是这样的字体了。此外还有一枚前汉宣帝的神爵四年十月简，这正是叫作章草的书体，传说章草起于后汉章帝时，这全是臆说，不足凭信。从宣帝神爵四年（前58年）到章帝时（76—88年），有章草也已经100多年了。其他一些无纪年的木简，也与后汉时的诸碑书体相似，如敦煌出土的《玉门官亭简》，即和《礼器碑》的书体相似。可知当社会上层使用这种书法时，在民间早已创造完成，行使已久。汉代的刻印与碑额，仍然使用篆书，这只可以看作沿用过去的书体，以示郑重，在民间已经感觉不便，不大行使了。

刻碑的风气，是在后汉时代才大大流行。现在所存的汉碑，都是后汉时建立的。从秦代到前汉只有刻石，到后汉才把石材加工。有碑座、碑身、碑首，成为一定的形式，起初还有碑穿，保存着下葬穿绳的遗制。除了摩崖刻石的少数例外，都是如此。建碑的制度，大体盛行于后汉的中期到末期，当时的封建社会上层利用碑刻文字和石刻画像来表彰功德，或替当时的儒教做思想上的宣导。当时有不少文学家、书法家为此服务，因此产生了不少著名的碑刻，成为隶书的模范。据北魏郦道元《水经注》到宋代欧阳修《集古录跋尾》所载，这些碑刻约有百种，宋代以后还续有发现。唐代书法重在二王书帖，不太重视汉碑，到宋代已经注意汉碑，今日尚存有宋代的拓本传世，给我们在书法艺术上留下了宝贵的资料。

后汉的碑刻，虽则都用隶书，但书法的精彩也各有不同。现举有名的10种碑刻如下：

1.《鄐君开通褒斜道刻石》，永平九年（66年）陕西褒城。

2.《祀三公山碑》，元初四年（117年）河北元氏。

3.《杨孟父石门颂》，建和元年（147年）陕西褒城。

4.《鲁相韩敕造孔庙礼器碑》，永寿二年（156年）山东曲阜。

5.《郎中郑固碑》，延熹元年（158年）山东济宁。

6.《鲁相史晨奏祀孔子庙碑》，建宁二年（169年）山东曲阜。

7.《武都太守李翕西狭颂》，建宁四年（171年）甘肃成县。

8.《熹平石经》，熹平四年（175年）河南洛阳。

9.《白石神君碑》，光和六年（183年）河北元氏。

10.《郃阳令曹全碑》，中平二年（185年）陕西郃阳。

从以上几种汉隶看起来，早期的如《鄐君开通褒斜道刻石》，书法劲直瘦硬，健骨开张，到了《礼器碑》《郑固碑》，从笔姿上可以看出骨肉匀称，结构茂美，已与初期碑刻不同，到《史晨碑》与《史晨后碑》更显出润腴的笔姿，《史晨后碑》结体略向左右开张，飞动有力，到《郃阳令曹全碑》刊刻时代较后，出土也略晚，石既不损，字尤完好，秀劲流利，已下开北朝的书法风格。其他如《荡阴令张迁碑》，运笔朴拙，结体方正，又是一种韵味。此外熹平四年《闻熹长韩仁铭》和最近南阳出土的熹平二年《张景造土牛碑》（见《文物》1963年11期），笔势飞动，结体相近。大概到后汉的末年，书法已渐离朴拙，而趋向于俊秀，为魏晋的石刻开导先路了。

学习汉隶，可以观察汉简上所书的汉人墨迹，研究它劲挺活泼的笔趣，此外漆盘和陶瓶上的文字也多是工匠的笔迹，可以看出下层社会中使用的文字朴拙健康的精神。同时取几种著名而完整的汉碑临写，用笔结构就可以得到隶法的优点了。

现在介绍几种著名的汉碑，作为学习的帮助：

1.《孔庙置守庙百石卒史碑》。

2.《西岳华山庙碑》。

3.《鲁相史晨奏祀孔子庙碑》。

4.《史晨孔子庙后碑》。

5.《鲁相韩敕造孔庙礼器碑》。

6.《闻熹长韩仁铭》。

7.《郃阳令曹全碑》。

8.《居延汉简》。

七 篆书的艺术

我们至今刻印还在使用的篆书，说起来从商代已经开始，到今天经过了3000多年的时间，在商代的铜器上铸有图腾的形象和文字，这些文字便是周代大篆的前驱。商代遗留下更多的是甲骨文，它是用刀刻在龟甲兽骨上的，推想起来，它的起源一定很早很早。因为人类在原始社会的文化进步是很慢的，大概先有一种原始生活的洞窟壁画，狩猎者和采拾者用图画记录下他们的生活，由这种图画开始又经过了漫长的岁月，才发展成为这样的甲骨文字，从文字的书法或刻法的成就看，并且从铸铜的技术看，它绝不是一跃就能成功的，它的前一个历史阶段，可能比之我们从商代以后的历史更久。

不过商代的文字，还不够十分成熟，商代的甲骨文也在商代的历史过程中逐步发展，字体不一。商代的铜器以《商三勾兵》《小臣艅牺尊》《中子吴觚》等文字较多，其时代多在殷的末期，与西周相接。我们学习书法的艺术，可以进一步从商代开始。虽则有人刻印或写字也曾使用商代甲骨文的字体来表现它的艺术技巧，这多是考古学家的事，不一定是书法家。

周代有铸铜也有刻石，它的文字表现了成熟的书法艺术。现在留传下的石鼓便是周代的刻石，石鼓文是中国石刻文字之祖，容后再述。西周与东周的铜器，更铸有大量的铭文，可做我们研究大篆书法的资料。

西周早期的铜器，以令簋、令彝为代表，都有比较长的铭文，为以前时代所无。它的字体反映出周初的风格，自由豪放，表现出强劲的力量。有竖行而无横行，它和商代铜器的铭文字体接近。西周时期康王时的大盂鼎，有铭文19行，计291字，这是最能代表西周全盛时期的长篇制作，与清道光（1821—1850年）初年出土的小盂鼎铸有铭文390余字可相伯仲。它的字体有前期雄肆的风格，并开始了后期匀整的书法，有竖行也有横行，排列整齐。这是周康王二十五年讨伐鬼方、赏赐武将名盂的一篇策命，可抵一篇与《尚书酒诰》相似的文字。

到西周的后期，出现了颂簋、大簋、师酉簋、曶鼎、龙簋、虢季子白盘、不嬰簋、伊簋、大克鼎、小克鼎、䣄攸从鼎、散氏盘、毛公鼎、兮甲盘、师寰簋、师兑簋等一系列的宝贵制作，书法多彩多样，有如百花齐放，目不暇接。其中特别如颂簋的整练，师酉簋的朴厚，曶鼎的绵密，散氏盘的柔婉，毛公鼎的优秀，足以代表西周后期的辉煌时代，为学习大篆书体艺术的宝贵范例。散氏盘铭文19行350字，记录矢、散两国土地的疆界，测实划分，仿佛是一篇当时国际的协约。字体独特奇丽，极可宝贵。毛公鼎铭文为现存金文中最长的文字，32行497字，文章典雅，可比《尚书》中的《五诰》。它与散氏盘书体不同，一柔婉，一流利，可称为西周后期最著名的宝器，是学习西周时代的书法艺术重要之物。

周代还盛行铸造钟、镈、铎、编钟等一类的乐器，为过去商代所少见，到东周时期遗留的钟较多，铸有铭文的钟以西周中期（昭王时）的"宗周钟"为最早，铭文在钲间的4行32

字，鼓的左边8行57字，背后鼓的右方5行33字，共计122字，内容为昭王讨伐东南叛夷26邦的记功文字，字体与史颂簋相近。到西周后期，有楚公豪钟，铭文2行16字，书法有西周古拙的味道。在春秋末期有邵钟，清咸丰同治间出土于山西荣河县后土祠旁河岸边，共出13个编钟，为一铜器群。此钟铭文9行86字，字小而精美，细致整练，书法优秀。春秋中期有郐公钲钟，铭文6行36字，内容是述楚的先代陆终之孙郐定公嬰且的事情，字体与齐子仲姜镈、王孙遗者钟、齐侯匜、齐臣曼簠、国差罐、齐侯镈钟等齐国的铜器相似。此外还可以特别提出战国初期的骉羌钟13个。铭文8行60字，多为四字句的韵文，书法整齐，并有长方界格，这在周代铜器中是少见的。春秋时代，西有秦、东有齐、南有楚，三国为大，其他小国，多受它们的影响，三国的文字都各有特点。若以楚国的铜器铭文与齐国的铜器铭文对照看，就可以区别出它们字体明显的不同。楚器上的字体，瘦长而华美，带有装饰图案的意味，例如者污钟、禺邗王壶、楚王酓肯盘等都是如此。越国的鸟书剑、鸟书矛与鸟书宋公栾戈等战国铜器，都受有楚国书法的影响，其中用黄金、绿松宝石嵌成字体的尤其华丽。这种字体汉代尚曾用以刻印，汉以后的悬针垂露体，如魏《三体石经》、吴《天发神谶碑》等或者受有它的影响。

秦国的铜器，以春秋中期的秦公簋为最著名，此器出土于甘肃秦州，即今甘肃天水。器与盖都有铭文，盖铭10行，器铭5行，两铭文字相接，合计121字，叙述秦公的功德，书法与石鼓文、虢季子白盘字迹相似。虢盘出凤翔府眉县礼村、石鼓出陈仓，即现在的陕西宝鸡，地域相近，可以归入秦人书法的一系。王国维说：战国时秦用籀书，六国用古文，研究古籀文，秦器的铭文是重要的资料。尤其秦人在战国末期，统一了六国，并且统一了文字书法，对书法的演变有很大的影响，并且创制了小篆。我国古代的刻石、石鼓文是非常可贵的，这是中国最古的石刻长篇文字。据学者们的研究，多认为石刻是东周时代秦人的刻石。石鼓共计10个，原有刻文700多字，现在字迹多已漫灭，尚存272字。文字的内容叙述的是狩猎的情形，因此有人说它形虽似鼓，却并非石鼓，应该叫它"猎碣"，但是唐代的韩愈、宋代的苏轼这两位大诗人都作过《石鼓歌》，传流至今，所以仍沿俗称，叫它"石鼓"。

石鼓的文体，为四言韵文，与《诗经·小雅》中的《车攻》《吉日》诸篇相似，因此也有人疑为周宣王时代的制作，说文字是周宣王时代的籀文。但近来的考证，多倾向于东周时代秦人的刻石一说，大约在公元前5世纪时所刻。

石鼓的发现是在唐初，原来散在岐阳陈仓田野间（陈仓相传为秦文公狩猎的地方，因此也有人说是秦文公时的刻石），其初无人注意，经张籍、韩愈的鼓吹，郑余庆乃移置凤翔孔子庙中，其中一鼓，久被乡村作为石臼，皇祐四年（公元1052年）向传师于民间访得，足成10个。在欧阳修作《集古录》时，尚存465字，赵尧卿《苏东坡石鼓歌注》也说："石鼓十，其一无文，其九有文，可见者四百一十七字，可识者二百七十二字。"这一组2400多年前的石刻现藏北京故宫博物院中，实在是历史的重宝，也是书法艺术的重宝。

石鼓文的字体比之秦统一后的小篆复杂，但比之周代的金文似较整齐。由于不同于小篆，所以文字不尽可识。自唐宋时代的韩愈、欧阳修、苏轼等博学，已经不能完全通读。但是它的笔姿结构，韩愈和苏轼在石鼓歌中都是非常赞美的。现代书法家中，以吴昌硕写石鼓文最有功夫。

秦始皇于公元前221年统一中国后，命李斯等统一文字，以秦文为标准，凡是不与秦文相合的一律废除，这就产生了"小篆"。秦代所立刻石有：

1.《峄山刻石》，是秦始皇统治的第二十八年，统一六国后三年（前219年），巡幸东方郡县，在山东省兖州邹峄山上所立，刻石自颂功德，这是始皇第一次的刻石。

2.《泰山刻石》，是始皇于同年在山东泰山上所立，这是第二次的刻石。

3.《琅邪台刻石》，同年始皇由泰山沿渤海东行，到芝罘山，南行到山东省诸城，上琅邪山，于山顶立石，自纪功德，这是第三次的刻石。

4.《芝罘刻石》，次年（前218年），始皇再巡山东，上山东省福山县芝罘，刻石自颂功德，这是第四次的刻石。

5.《芝罘东观刻石》，与芝罘刻石同年所建，这是第五次的刻石。

6.《碣石刻石》，始皇统治第三十二年（前215年），到河北省昌黎县上碣石山，以观沧海，于碣石山上，刻石纪功，这是第六次的刻石。

7.《会稽刻石》，始皇统治第三十七年（前210年）也就是他将死的一年，巡幸南方，在今浙江省绍兴县会稽山上，刻石纪功，这是第七次的刻石。

所谓秦刻石就是以上的七石。其文字除峄山刻石外，都见于《史记》的《秦始皇本纪》，文辞每句四字，三句一韵。原石大半亡佚，现在仅存泰山刻石与琅邪台刻石的残石，但是各刻石的一部分或全部文字，后世都有摹刻留传，其中真伪也有疑问。宋代淳化四年（公元993年）郑文宝所摹刻的峄山刻石，或较可信。会稽刻石有申屠骃本，字体笔画，均较原石细瘦，传刻已失去它酣畅淋漓的气象。秦刻石相传皆李斯所书，自古以来，尊为小篆的典型。从泰山、琅邪台两残石看，它与石鼓文的字体已有不同，而与秦二十六年诏版和权量的字体相近，可见为同时代的文字。又相传有东周赧王二年（前313年）秦惠王十二年的秦人《诅楚文》，见于宋大观三年（1109年）《汝帖》的摹刻，有《巫咸文》《大沈厥湫文》《亚驼文》三石，为宋代所发现，见于宋欧阳修《集古录》的记载，翻刻面目，难免失真，字体与石鼓文相近，也可作为秦篆的一种参考。汉以后学习小篆的，以唐代的李阳冰、清代的邓石如书艺较高。但最好还是从古刻学习，体会它的韵味，以求达到篆法的神采。

古篆书除周秦金石以外，楚人曾留下了楚简和楚帛书，这些仅存的稀有墨迹，正和楚铜器、楚漆器的文字相似。楚人灭秦，建立了汉代大帝国，发展了文化的传统，在西汉时的书法，犹存篆体，到东汉隶书盛行，书法艺术又转入一个新的阶段了。

大篆金石文字，略举下列各种，作为学习范本：

1.《大盂鼎铭文》。

2.《颂簋铭文》。

3.《师酉簋铭文》。

4.《虢季子白盘铭文》。

5.《不娶簋铭文》。

6.《散氏盘铭文》。

7.《毛公鼎铭文》。

8.《师寰簋铭文》。

9.《师兑簋铭文》。

10.《王孙遗者钟铭文》。

11.《石鼓文》。

12.《琅邪台刻石》。

13.《泰山刻石》。

八 书法家的产生

在远古的原始社会时代，是无所谓书法家的。也曾有人用绳子粗粗地打上一些结子，来便于记忆；也曾有人做了一些长长短短的记号，来帮助计算；也曾有人画了一些鸟、兽、草、木的形象来说明生活。群众从劳动和斗争中积累了经验，得到和总结了这些生活斗争的知识，记录下这些生活斗争的知识，传播了这些生活斗争的知识。这就有了文字出现，这些不知名的书法家，便是劳动者自己。

等到社会发展，从无阶级的社会到有阶级的社会，社会就有了分工，巫祝掌管文史，形成专业，他们在群众创造的文字基础上，加以发展、应用，出现了文字的记录。从我们所看到的甲骨文上，便是巫祝的卜辞。在甲骨片上，曾有记下人名的，那便是担任占卜的巫祝。从我们看到的早期的铜器上，有图腾的形象，那大概是巫、史所绘制，其中包含着氏族的崇拜和祝愿；在后期的铜器上，有的铭文末尾，铸上自己名字的，那便是作书的史臣。

巫与史掌握了书法技术，占了很长的历史时期，传说中的伏羲、仓颉和周太史籀，大概就是其代表的人物。

到秦帝国统一以后，有了历史上的著名书法家。如李斯、赵高，都善篆书，程邈作隶书，还有造笔的蒙恬，也与书法有关。

李斯，楚国上蔡人，善书大篆，秦统一后，为秦丞相，制定小篆，推行全国。李斯善为文辞，初为客卿，有《谏逐客书》，峄山、泰山、琅邪台、芝罘、碣石、会稽等刻石，都出于李斯的手笔。又作《仓颉篇》7章，今已失传。

程邈，字元岑，陕西下邽人，善写大篆，初为秦国的狱吏，得罪始皇，囚于云阳狱中，在狱10年，加减大小篆方圆笔势，改变字体，作隶书3000字，始皇善之，命为御史。这种隶书的起源,想来是由下级的隶人创始,程邈加以总结完成的。

赵高,为秦中车府令,曾教始皇少子胡亥书法,作《史籀篇爰历六章》,能书符玺,也就是刻印的篆法。

蒙恬,齐人,为秦将,相传他曾发明造笔,这和书法的关系很大。据晋崔豹的《古今注》说:蒙恬以前,曾经有笔,他们造的是秦笔,用枯木为管,鹿毛为柱,外加羊毛,所谓苍毫。蒙恬大概是从原来笔工的技术加以改进的。从近年发现的实物看,在长沙郊外战国古墓中,曾发现一支战国时代的毛笔,将笔杆的一端破开,用上等兔毫,以细丝缠紧做成。同时发现有竹简和小铜刀,古代以竹简作书,用过又以刀削去,可以据此实物证明,往年西北考古团曾发现有居延汉笔,秦笔正是战国笔与汉笔中间阶段的产物。由于工具的改进,书法也随之改进。书法家的艺术,与书写工具制造者的劳绩是分不开的。

到后汉时代,有扶风人曹喜善篆隶书法,篆法与李斯小异,善悬针垂露的笔势,直如薤叶,现存有《大风歌碑》,相传是曹喜书,不能确定。又有陈留人蔡邕,字伯喈,善篆隶,采用李斯、曹喜的书法,也有所改变。邕写定六经,使工镌刻,立于太学门外,现存汉石经残石,或者是他的笔迹。

在后汉时代应该特别提起的,是蔡伦发明了造纸术,这和书法又有极大的关系。蔡伦，字敬仲，桂阳人，始创造纸的方法，人人称便。《后汉书·蔡伦传》说：自古书契，多编以竹简，也有用缣帛书写的，缣贵而简重，并不便于人，蔡伦乃用树皮、麻头以及破布、渔网以造纸，元兴元年（105年）奏与汉和帝，和帝称其才能，自此莫不从用，当时称为"蔡侯纸"。蔡伦可能也是总结了劳动者的经验，把造纸的方法完成的。由于笔与纸的发明成就，书法艺术在东汉时代有了物质的基础，当然能够进一步地发展，因此而名家辈出，并且在书法的传授上一代接着一代，继续不断，留下了优秀的成绩。

南齐王僧虔录、宋羊欣所采集的古来能书人名自秦李斯至晋张宏凡69人。其中有不少书法家，至今留传着书迹。如安定梁鹄、陈留邯郸淳、安平崔瑗、弘农张芝、颍川钟繇、敦煌索靖、吴人皇象、李充母卫夫人、琅邪王廙、晋中书令王珉、晋右将军王羲之、羲之子王献之等，都是这一时期最有成就的书法名家。从碑刻和书帖上，尚可以看到这一时期书法演变的光彩。而且近年从居延、楼兰、敦煌等地发现的墨书汉晋简纸，敦煌张芝、索靖的书法也可能就留存其中。对于书法艺术，居延笔与蔡伦纸可以证实发挥了不小的作用。

从过去研究书法的记录看，一个书法家的成就，它应该有4个方面的因素：

一是继承艺术传统。人类的文化知识，都由累积得来，书法艺术，也是如此。向原来的传统学习，这是必要的。唐张彦远《法书要录》卷一，曾记下了从汉到唐书法传授的系统，也就是由篆书、隶书、章草、楷书、行书递变的道路，虽则每一时代都有自己的书家，事不师古，自具面目，但却是由书法艺术的传统继续研究发展的。《法书要录》说："蔡邕传之崔瑗及女文姬；文姬传之钟繇；钟繇传之卫夫人；卫夫人传之王羲之；王羲之传之王献之；王献之传之外甥羊欣；羊欣传之王僧虔；王僧虔传之萧子云；萧子云传之僧智永；智永传之虞世南；世南传之欧阳询；询传之陆柬之；柬之传之侄彦远；彦远传之张旭；旭传之李阳冰；阳冰传徐浩、颜真卿、邬彤、韦玩、崔邈；凡二十有三人。"这是从东汉到唐（自公元1世纪到9世纪）900年间著名书法艺术家学习的传统。其中虽则不尽完备，如褚遂良与欧、虞的关系，就没有提起，但是主要的名书家，多已叙述到，从这里可以看到传授笔法所起模范作用的重要。虽师古而不必泥古，从艺术传统中，一代代变化出新的艺术面貌来。祖国的书法艺术，基础是深厚的，从过去积累的文化学习，推陈出新，正如一座发掘不穷的宝库，继续向前发展出新的光辉。

二是学习民间知识。各种文化知识，都从民间的劳动实践过程中得来，书法艺术也不例外。古代的象形文体，是劳动者仰观天象、记载岁时，俯察万物、注意生产得来的，篆书就从这里开始。隶书是下级隶人取便记事的创造。如果研究一下居延所出的汉简，楼兰所出的魏晋简书、纸书，就可以看出草隶、行书、章草等等书法都从这些民间无名氏的手中早经使用，并且活泼生动，毫不拘滞。例如《李柏文书》，就是绝好的证据。著名的钟繇《宣示帖》、卫瓘《顿州帖》、卫恒《一日有恨帖》、陆机《平复帖》等社会上层人士的名迹，实际都是学习了民间的书艺才能演变出新兴的书体。张怀瓘《书断》说，蔡邕创始作飞白书，是他经过鸿都门，见役人以帚扫成字，得到启示，回家作飞白书。这种书法是从工人用帚刷墙得来的，王献之就曾以帚刷墙作大字，为他的父亲羲之所称赞。飞白书盛行于六朝唐时，也可以说是从刷工学来的艺术。张旭看公孙大娘舞剑器，因此得到狂草的方法，善于草书书帖，这也是向民间学习的一个例子。

书法家能够深入民间，才能得到进步。常和民众在一起，他的书法也才能普及到社会。汉代的名书家师宜官，为梁鹄所师，在汉灵帝时，召集天下善书人，会于鸿都门，到数百人。他写的八分书法，评为最优，大则一字径丈，小则方寸千言，很有才能。常到酒家，书字壁上，观众云集，酒卖得很多，等到饮足,把字铲去才走。这故事见于羊欣的记录。晋代的大书家王羲之,为右将军会稽内史,名位很高,他常住在蕺山下面,见一老妇手拿10多把六角竹扇出卖。王问她一把价值几钱,老妇说值20多钱,右军取笔书扇,每扇五字。老妇惋惜说,全家的朝餐,就指望卖去这些扇子,为什么把它涂坏。王说,你就讲是右军写的,要价100。入市,市人争买而去。又相传一故事,说羲之性好爱鹅,山阴县昙酿村有一道士,养好鹅10余只,羲之清晨乘一小船前往,见鹅甚为爱赏。乃告求道士,愿得买归,道士不给,百方譬说,仍不能得。道士乃言,性好道久,想写河上公《老子》,需用的素帛,早已备办,但无人能写,府君若肯屈尊为写《道德经》各两章,便合鹅群奉上。羲之便住半日,为写毕经卷,笼鹅而归。这两个民间故事,见于梁虞和《论书表》内,也见于《晋书·王羲之传》。现留传有永和十二年五月二十四日王羲之在山阴县所写的《黄庭经》,可见并不是没有根据的。从这两个大书家的故事看,他们都是能够深入民间的。由于他们接近群众,他们的书法艺术才得为广大的群众所爱。

三是专心勤学苦练。研究过去的著名书法,向前辈学习,向同时人学习,这是书家成就的重要因素。虽有天才,不能勤学苦练,也很难有成。记载相传,汉张芝善草书,精劲绝伦。

家中的衣帛，必先书写以后才洗练。他临池学书，池水尽墨。汉赵壹说当时学习书法的人，专用为务，忘其疲劳，不暇寝食，每月写数丸墨。坐则以指画地，磨去了指爪。魏钟繇学书法于胡昭，16年足不出户，自说集中思想，学习书法30年，坐则画地广数步，卧则画被，穿通了被面。唐何延之《兰亭记》说，王羲之七代孙智永，常居永欣寺阁上临书，所退笔头，放在大竹簏内，簏大能容一石余，五簏笔头皆满。凡30年于阁上临得《真草千字文》好者800余本，浙东诸寺各施一本，今有存者，犹值钱数万。从以上的书家逸事看，这种精勤力学，孜孜不倦，正是其成功的原因。

四是改进书写工具。书写的工具，一是纸，二是笔，三是墨，四是砚。人们管这些叫文房四宝。对于书法来说，实在是不可缺一的宝贝。例如：殷代有刻刀，只能刻出像甲骨文那样的字，不能作隶书、行书、草书。汉简上的字不同于甲骨上的字，就是由于工具的不同；工具变了，字也就变，书法的艺术依赖于工具，非常重要。王右军《题卫夫人〈笔阵图〉后》首先就谈到纸、笔、墨、砚这四种工具。无此工具，就不能作书。南齐王僧虔《论书》说："工欲善其事，必先利其器。"就是任何工作，若果想做好，就必得先将工具做好。他又谈到，蔡邕是个善书法的人，若不是光净的丝帛，就不妄下笔。

用好纸写上去，能生出光彩，好墨写上去，能一点如漆。张芝因为有好笔，才能有那样好的书法，若果用弱笔劣墨，那就不能使书法得心应手，只有叹气。若果有优良的文房四宝，那就不但写尺素信札能写出很好的书法，就是写很大的字，也都能完全如意。他把书法的艺术，决定于工具的好坏，那是深有理由的。如果只有一支小笔，如何能写一丈大的字？如果只有一支大笔，如何能在一方寸写一千字？任何人都知道这是办不到的。有大笔才能写大字，有小笔才能写小字。推而广之，要有居延笔，才能写出居延汉简那样的字。如果用刻甲骨的刀笔，也是办不到的。笔锋使用刚性的兽毛，写下去才有弹力，无论使用几分笔，都能如意。笔头也必须带有柔性，用笔或转或折，或圆或方，或细如游丝，或直如悬针，才无往而不利。从汉到唐，纸笔愈精，写字的书法也就更加多彩多样。

制墨与制砚，由于工人的精心研究，也是愈来愈进步。对于书法艺术，同样起了很大作用。宋代晁说之《墨经》说："古用松烟、石墨二种，石墨自魏晋以后，无人再用，都重用松烟。汉代贵用扶风隃糜终南山的松烟。晋代贵用九江庐山的松烟（卫夫人《笔阵图》说：墨取庐山松烟）。唐代用易州、潞州的上党松心，更加贵重。"制墨的技术发展，就不用天然的石墨，唐代制墨的技术，已达到很高的水平，到现在日本奈良正仓院还藏有唐墨。

制砚的技术,也是由来已久。盖起于石器时代的研磨器,研朱已见于新石器时代。汉代的许慎《说文》和刘熙《释名》,曾说用砚研墨,大概当时书法家已经普遍应用。现在考古发掘品中,曾有古砚,形状如箕,与石器时代的研磨器相似,也叫凤池砚。宋代高似孙作《砚笺》,详细地记述了采石制砚的方法,并且记录了不少古砚,自孔子、王羲之父子、智永、李商隐以至苏东坡等人的用砚。采石制砚,选用歙石、端石,工人下矿凿取,是很艰苦的工作。中国制砚的艺术,也非常有名。砚材细润,磨墨有光,这对于书法艺术的帮助很大。

试想:一个书法家若果无纸、无笔、无墨、无砚,他如何发挥中国书法艺术的才能?书法家的成就,实在说,制造纸、笔、墨、砚的工人,尽了很大的力量。

学习书法艺术,这四种因素,缺一不可。以上三条,是学书法的主观努力,这一条是学书法所凭借的客观物质帮助。若无工人制造的好工具,就难写出好书法,这种艺术工具的发展,尤其重要。历代书法的变化,与物质基础的变化息息相通。书法艺术家,也是艺术劳动者之一,从他的手、眼、神经训练做起,更借助于艺术工具的使用,写出的书法,单色而具画图的灿烂,无声而有音乐的和谐,引人欣赏,心畅神怡。这不仅是中华民族对书法艺术的感觉，凡是爱好研究中国文化的，也都有同样的感觉，如日本、朝鲜对于书法艺术的欣赏，也和国人相同，这正是值得我们继续研究、永远宝爱的民族艺术传统。

九 后记

撰写本文的目的，是向一般爱好书法艺术的人介绍一些有关的知识，用语力求浅显，因此把引用的古书资料，都给口语化，而且讨论的问题也不能过于繁多细小，这只就纲要性的问题加以叙述，若果能从这里看到中国书法艺术发展的面貌，看到我们祖国文化遗产中优美的一部分，发生研究的兴趣，这就达到了撰写本文的愿望。

若果从这个入门的进阶，再想做进一步的研究，我愿介绍读一读下列几种有关中国书法的书籍。至于金石碑版文字和宋以后的套帖，可以选择阅看，不能多举。

一、唐张彦远《法书要录》有旷照阁刻本，石印本，本书分为10卷。自东汉到唐代，关于讨论书法的文章，都收罗在内。这对研究唐以前的书法艺术很有参考价值。如庾肩吾《书品》、李嗣真《后书品》、张怀瓘《书断》、窦泉《述书赋》

等，虽有单行本，都是从这书中录出的。书中对于二王的书法，介绍得尤多，可见唐人爱好的风气。

二、宋《宣和书谱》有旷照阁刻本，石印本，本书分为20卷。记宋徽宗（赵佶）时内府所藏诸帖。自晋人至宋蔡京、蔡卞、米芾为止，分列篆隶、正书、行书、草书、分书各卷。古代书迹，留传宋时的，多已收罗在内，著名书帖并有评介。

三、清《佩文斋书画谱》有清康熙时刻本，石印本。本书清初康熙四十七年刊印，其中关于书法的部分，有论书10卷，历代书家传25卷，历代无名氏书6卷，历代书跋13卷，历代鉴藏书4卷，收罗丰富，可以作为类书参考。本书把过去各书中有关的资料都辑录在内，备有这部书，可以省去翻检之劳。

四、康有为《广艺舟双楫》有流行铅印本，本书6卷。以前讨论书法多重在书帖，此书推重碑版，尤其注重介绍北碑，立论极力矫正帖学的末流，颇有独到的地方。

五、胡小石，《书艺略论》，《江海学刊》1961年7月号。

六、沈尹默，《历代名家学书经验谈辑要释义》，上海教育出版社，1963年1版。

最后两部讨论书法的文章，为时贤的著作。嘉兴胡小石先生，名光炜，1963年春逝世，善写北碑草隶，在各大学教授文学书法40年，这是他晚年研究的总结，对于书体的演变，书法的特征，用笔的方法，有精心的见解，足以启迪后学。

吴兴沈尹默先生，为北京大学教授数十年，战时流寓四川，与后进讨论书学，文翁化蜀，从学者很多，不幸于十年浩劫中摧残逝世。先生善写唐碑行草，尤精小楷，直逼唐人。研究晋唐人书帖碑版及赵吴兴书法，著名当代。这书是他解释唐人韩方明《授笔要说》参合他自己老年的实际经验写成。附录张彦远《传授笔法人名》及周星莲《临池管见》两文，加以解释，这在讲授用笔的方法上，对学习的人有很大帮助，特在这里加以介绍。

（壬戌岁首写定，任翁时年七十九）

中国古舞与古美术

舞蹈产生于劳动。舞蹈的动作,就是劳动动作的美化,也就是韵律化和节奏化。人类用音乐、歌唱为舞蹈伴奏,又用文字、美术把舞蹈记录下来。我们今天能够推想和观察古代的舞蹈,就是从文字的记载、美术的塑造和描绘得到一些印象的。尤其是古美术品,它帮助我们解决不少问题,为研究古舞的重要根据。

中国原始社会的舞蹈形象,曾见于青海大通县上孙家寨古墓葬发现的彩陶上。这是一种组舞。三组舞人在碧绿的草原上,蔚蓝的天宇下,为他们的胜利而舞、丰收而舞。这些无怀氏之民、葛天氏之民,在大自然的怀抱中,畅然自得,尽情舞蹈,不知帝力于我何有。

中国的古文字也给中国的古舞画出了形象。中国的古文字原是从象形开始的,文字与绘画同源,文字本身就是缩小

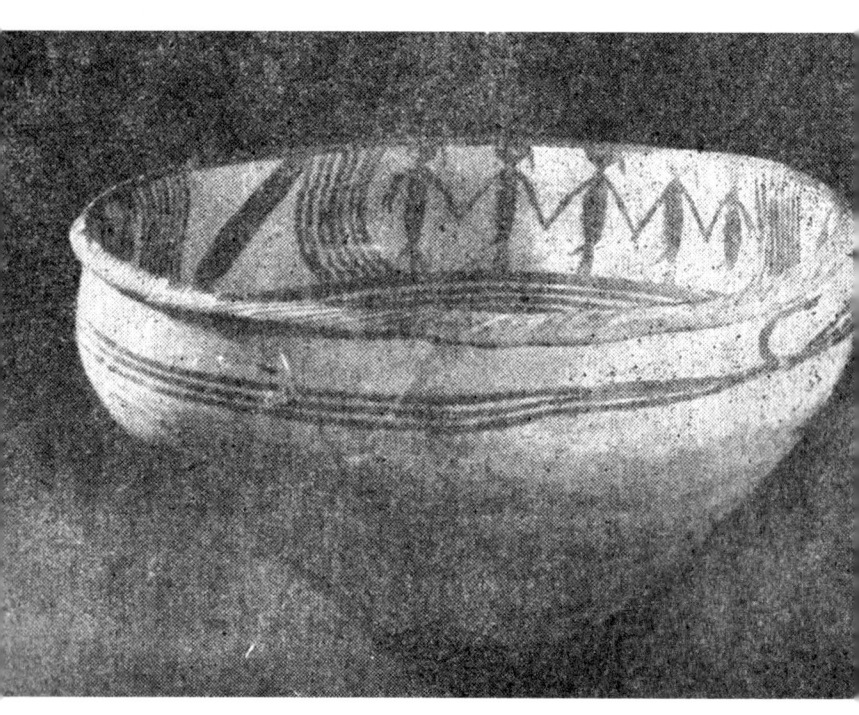

新石器时代五人舞蹈陶盆

了的绘画。古书说，"武舞执干戚，文舞执旄羽"。"武"与"舞"两字是同音的，而是两类不同的舞。"武"字像一个举止雄壮、手执长戈或大钺的武士，也就是武舞的舞人，表演着威风凛凛的战斗姿态。舞字的原形是，像一个人手执牛尾或鸟羽，也就是文舞的舞人，表演着欢腾飞跃的狩猎姿态。他们尽情地战斗，他们自由地狩猎，他们为自己的胜利而舞。他们一辈辈度过了多少万年的时代。因此舞蹈不仅产生在劳动中，而且产生在群众中。在原始社会里，人类奠下艺术的基础。这个时期是漫长的，但人类的社会是不断演进的，经过了旧石器时代，经过了新石器时代。人用石材做了劳动的工具，又用多彩而美丽的石材做了细石器，也用它做了装饰品。这些天然的美丽物质，应该首先去装饰可爱的舞人。玉质的舞人姿态，也可能就是在新石器时代塑造的。

人类有阶级的社会终于出现了。在这个造神的时代，巫成为神与人的中介。巫执掌了政权，巫自命通解神的意志和语言。巫舞与巫歌，也就适时登场。实在说，古文字里的舞字与巫字，字形与字音都是相同的。中国有文字的历史从商代开始。商汤本人，就是一个大巫。汤王祷雨的传说，流传至今。《商书》说："恒舞于宫，酣歌于室，时谓巫风。"巫舞的盛行，在商代社会中，是可以确认的事实。

巫的职司，在宗教上掌有很高的权力。巫作为神的供奉者，又作为神的代言者，来决定吉凶祸福、国家大事。所以最高的奴隶主们，多擅欺骗群众的巫术。古代流传的一部《山海经》里，记述许多神怪之物和歌舞祭祀的方法，以及巫祝的活动。巫咸与祝融在当时还代表着两个国家。这书加意叙述舞蹈娱神的作用，可能是巫祝传述的。巫彭、巫抵、巫阳、巫履、巫凡、巫相，皆操不死之药。巫成了当时半神半人的动物，自命能传达神的意旨，决定奴隶的命运。巫有权杀奴隶以祭，驱奴隶以战，过着剥削奴隶劳动的生活。这就是创造巫舞艺术的社会基础。

对这时期，我们找到文字的记录，也找到美术雕刻的形象。这就是甲骨文和妇好墓出土的玉雕。

从春秋战国起，在中国流传有两部古代的诗歌：在北部黄河流域的是《诗经》，在南部江淮流域的是《楚辞》。其中有不少是舞歌，不单是祀神祭祖的舞歌，也有不少是男女舞蹈时所唱的恋歌，以及祈求丰收、庆祝战胜的狂欢之歌等。群众载歌载舞的气氛，至今还可以在流传的文字中想象出一些图景。如《诗经·陈风》：

坎其击鼓，宛丘之下；

无冬无夏,值其鹭羽。

又说:

东门之枌,宛丘之栩;
子仲之子,婆娑其下。

在陈国的都城宛丘,激扬着坎坎的鼓声,与会的男子和女子,正在绿树荫下婆娑起舞,无冬无夏,长乐未央。他们手中执着鹭羽,在舞众中飘扬。这是黄河流域陈国的歌舞景象。

《汉书·地理志》说:"陈大姬妇人,尊贵好祭祀,用巫鬼。"可见这位妇人爱好巫风。巫歌巫舞,弥漫在人民中间。近年在山东、安徽都出土有古玉舞人,是用白玉琢制的。据《考古学报》1964年第36期载:在瑞典斯德哥尔摩远东博物馆所藏两个玉舞人,一个长袖曼舞,约为战国时代之物,据说出土于安徽;另一个戎装束带,徒手而舞,其时代较晚(原说明是晚周,可能是北魏)。这些古美术品的遗存,给我们逼真的形象,为古舞蹈的研究提供了珍贵的实物资料。

在中国长江流域沅湘之间,自古流传着动人心魄的《九歌》。这一组舞歌,可以说是人与神的恋歌。它所歌舞礼拜的诸神，是"东皇太一""云中君""湘君""湘夫人""大司命""少司命""东君""河伯""山鬼""国殇"等。当时在祭祀的时候，必作歌乐鼓舞以乐诸神。按照顺序，每两神作为一组①；祀神的灵巫，奉献上桂酒芳花，迎神送神，"传芭代舞"（传递着花朵，更番舞蹈），鼓瑟吹竽，在芳菲满堂、恍惚似醉的状态中，人与神目成神会，含睇宜笑，达到了爱慕难分的程度。在中国南部，气候温和，不比北方的严峻，在歌舞的情调上也有显著的区别。据友人罗吉眉说：旧传湖南山中，有一幅古代石刻，图画的是一组裸体舞人，在林莽中的熊熊火堆旁夜舞。这正合于《九歌》中巫舞的气氛。不知原石尚存否。这里把九歌中的《山鬼》，试译为口语，以略见一斑：

> 她悬挂着薜荔，披带着女萝，
> 在翠岩下仿佛立着一个窈窕的女子。
> 她含睇微笑，充满情思，
> 思慕她倾心的欢子。

---

① 此从闻一多说，他对九歌诸神是分为两神一组的。见《闻一多全集》。

她骑乘着赤豹，随从着斑狸，

用辛夷为车，飘扬着芳香的旗子。

她披着石兰又戴着杜蘅，

折来的花束愿送给她所思。

她常处幽篁之中，不见天日，

道路险峻，因此独自来迟。

登上高山以望所思，

云从下面升起，遮蔽了白日。

为留待你忘记归去，

被东风飘来的微雨洒湿。

谁能使我愉悦啊，岁月正在飞驰。

在山间采取了三芭的紫芝，

山中满悬着藤蔓，涧底满布着石子，

我怨他不来又忘记归去，

你说思念我，却又不得闲时。

山中人如同杜若般芳香，

渴饮石泉，在松荫下远望神痴。
你说思念我，却又姗姗来迟。

雷声填填，山雨冥冥，
夜猿啾啾发自高枝。
山风飒飒，木叶萧萧，
思念你啊，也只有怅望自知。①

这是一篇楚国的舞歌，也就是巫女之歌。歌中所表现的"山鬼"，情思缠绵悱恻，与人间并无多少距离。自汉代的王逸以来，多以为《九歌》是屈原遭放逐时为民间祭神歌舞所作。这里的湘水诸神，必然是本地的传说，而以民间巫舞为基础；《九歌》虽经诗人的润色，从中仍可以看到中国南部当时民间舞蹈的情况。巫舞遍于南北，南方的文辞尤美；楚歌楚舞，有其深厚的流传渊源。足见我国古文化开发之早。

再从考古发现的楚国文物看，1937年长沙古墓中出土的漆奁装饰画，有几个舞蹈女子的画像，长袖细腰，袅娜多姿（此

---

① 名画家陈洪绶、萧云从和现代的徐悲鸿氏，都画有《九歌图》。以徐氏画最合神理，今采取徐氏《山鬼》图情景，以表现诗意。

奁商承祚氏旧藏，商曾摹印图录出版，今原器归南京博物馆，已变形），可作为楚舞或汉代早期舞蹈的写照。西汉继承楚文化，相去也不甚远。又安徽寿县亦为后期的楚都，曾发现有玉雕舞女三个。长袖的舞姿，与长沙漆奁画像相类。在长沙并曾发现彩绘舞俑，马王堆出土，是西汉时的遗物。又1969年在安徽临泉古城曾庄，也发现有战国白玉舞人一双，藏阜阳地区博物馆。阜阳与寿县相邻，古亦为楚地。这些古美术品，都可以代表中国南部楚国的文化，为古舞留下宝贵的形象。

在这类古美术品中，以洛阳金村古墓出土的古玉舞女制作比较精美。这对玉舞人，今藏美国华盛顿费里亚美术馆（Fheer Gallery Of Art）。故郭沫若氏在他所著的《古代铭刻汇考·释亢黄》篇中，对此有较细致的观察。他说："项链上有一坠，作二舞姬相并立形。就舞姬之妆饰观之，似可以推定器之年代。二女发饰，额鬓作凸字形，角均垂直，额上有短发覆垂，如今人之刘海。两鬓有盛鬓，头上有短发飞扬，其长发盖束垂于后，袖垂下有物突出如尾然者，即发之余也。眉长而细，出于刻画，眼则大而圆。衣交袷博带，……袖敛而别出长袖，盖衷衣之袖也。衣纹曲线甚柔软，一望即可知其为纤罗雾縠之类。而二女之容仪衣制全同。此与宋玉《招魂》中所述者颇相类似。《招魂》云：

> 美人既醉，朱颜酡些，娱光眇视，目曾波些。被文服纤，丽而不奇些，长发曼鬋，艳陆离些。二八齐容，起郑舞些。衽若交竿，抚案下些。

又有'盛鬋不同制'及'蛾眉曼睩，目腾光些'之语，盖战国末年之风尚，以长发、盛鬋，修眉、皓目为美，故不惜重言之。"

郭氏就楚辞《招魂》以描述古玉舞人所表现的姿态，时代正复相同。楚辞的《招魂》与《大招》，都是巫舞时唱的巫歌。篇中说到的巫阳，就是当时著名的舞人，兼通招亡魂的巫术。《招魂》中说："吴歈蔡讴""郑卫妖玩"；《大招》中说："二八接舞""朱唇皓齿""小腰秀颈，若鲜卑只""丰肉微骨，体便娟只"。这都是对舞人的姿态做加意的描述。而且南连荆、楚、吴、蔡，北及郑、卫、鲜卑，巫舞之盛行，可以说风靡一时。新中国成立前在浚县曾发现玉人三个，丰鬋盛客，从衣饰看，与洛阳金村所出土者相类似，这也是玉制的俑子，为早期的玉俑。从分布的地域看，荆、楚、吴、蔡、郑、卫，都已有实物存在了。

历史发展到战国，逐渐进入封建制社会，而巫舞也发展而为优舞；形式和内容，随着时代的变迁，都有一些变化。《论语》说，"齐人馈女乐"。又说，"郑声淫，佞人殆"。当孔子时，"侏儒舞"很被封建阶层欣赏，宴会以此为乐。我们发现的玉人中，有两个便是侏儒的面具和形象。佞幸嬖宠对政治起了不好的影响，终封建之世，而未断绝。起于民间的优美歌舞，一入封建宫廷，常常变质，而且受到封建礼教的指摘。这只能归到封建主的罪恶了。《史记》说："多财善贾，长袖善舞。"从社会的习惯连语看，这种歌舞不仅同新兴的封建贵族，而且同新兴的商人富豪，都有了关系。古舞的性质就逐渐发生了变化。

到南北朝时，中国北部由鲜卑族和其他少数民族执政。中国西部少数民族的舞蹈席卷艺坛，胡旋、胡腾、柘枝等盛行一时。就发现的玉制或石刻、陶制的舞人看，胡舞古美术品，也有遗存。古书上所说：胡旋舞，是在一小球子上舞。"球"字应是"毯"字之误（毯子也叫毡毹）。这是观察古代美术品所得的结果。古玉带版上所刻的胡旋舞，北齐制黄釉瓷壶上的胡旋舞，以及敦煌壁画上所绘的胡旋舞，都是舞人在一小圆毯上跳舞。例子非一，大概可以为证了。

（1980年8月30日写毕）

佛教与中国绘画

佛教自印度传入中国，伴随而来的有各种艺术。绘画艺术，即为其中之一。中国绘画，在佛教未传入以前，自具独特的风格。自受佛教艺术的影响，遂发生了不少变化。中国的艺术家们为佛教服务，也创造了不少宝贵的成绩。

印度佛教的传入，是从西北陆路与西南海路并进的。绘画艺术输入的途径，也完全相同。自汉以后，南朝与北朝都很快地接受了佛教的绘图技法，各有发展；壁画与绢素，也都极其妙。至隋唐时代，南北合流，融合了民族的传统，表现出优秀的佛教画风，在中国艺术史上，展现出中古时期光辉的成就。

印度原始的绘画与中国汉代以前的绘画原是各自独立发展的，因此风格互异，并无相似之点。到东汉明帝时，佛像随佛教传入（这是最早见于中国文献的记载）。晋袁宏《后汉记》

说:"初明帝梦见金人,长大顶有日月光,以问群臣。或曰:西方有神,其名曰佛,陛下所梦,得无是乎!于是遣使天竺,问其道术,而图其形象焉。"《后汉书·西域传》的记载,与此略同。又《佛祖统记》等也记其事。传蔡愔于明帝永平初遣赴大月氏,至永平十一年(68年,一说永平九年),偕沙门迦叶驮经及白毡裹释迦立像回洛阳。因在洛阳城西雍关外,建立白马寺,并在寺中壁上作千乘万骑三匝绕塔图。《魏书·释老志》说:"自洛中构白马寺,盛饰图画迹甚妙,为四方式。"又说:"明帝并命画工图佛,置清凉台显节陵上。"这是中国最初的佛教画,也大概是中国艺术家自作的佛教画。但在汉代,画家中以善作佛画著名的尚少,其后便渐渐有擅长佛画的画家出现。就现存的古壁画看,印度的阿旃陀(Ajanta)石窟壁画,阿富汗巴米扬石窟壁画,我国新疆克孜尔明屋佛洞壁画,是佛教自西北传来的通路上所遗留的作风相似的壁画;到敦煌千佛洞北魏时期的作品,仍然具有印度佛教的风格。

塔里木盆地遗存的古代佛画,为斯坦因、李考克等人劫取而去者颇多。高昌壁画的一部分,至今尚保存于德里的中央亚细亚博物馆中;据闻,保存于柏林民俗博物馆中的业于第二次世界大战中毁于战火。唯我国敦煌千佛洞的壁画,有丰富的遗存。北魏时代的遗物,尤其色彩绚烂,保存完好,为世界学术界所重视。关于中国佛教绘画的初期情况,这一时期的壁画是最好的证物。

在魏晋南北朝时,已有善于佛教画的名画家。最早期的如东吴的曹不兴,西晋的张墨和卫协,相传都擅长佛画。曹不兴画的佛像,是根据康僧会传来的画像制作的。康僧会是西域康国人,相当于现在的中亚细亚撒马尔罕(Samarkand)地方。僧会来中国南方传佛教,同时带来了佛教画的样本。张彦远《历代名画记》说:"连五十尺绢画一象,心敏手运,须臾立成,头面手足肩背,亡遗尺度,此其难也,曹不兴能之。"作大像的身体比例,很能匀称,这是颇不容易的。曹的画虽已失传,但他创立的画派却传于后世。

卫协生于西晋,当时有画圣之称。《历代名画记》引孙畅之《述画》说:卫协绘七佛图,人物不敢点眼睛,想见其妙。东晋最有名的画家顾恺之,又是一位佛教画的能手。《历代名画记》曾记他的一个故事说:

> 长康又曾于瓦棺寺北小殿画维摩诘,画讫,光彩耀目数日。《京师寺记》云:兴宁中瓦棺寺初置,僧众设会,请朝贤鸣刹注疏,其时士大夫莫有过十万者;既至长康,直打刹注百万。长康素贫,众以为大言,后寺众请勾疏。

长康曰：宜备一壁。遂闭户往来一月余日，所画维摩诘一躯，工毕，将欲点眸子。乃谓寺僧曰：第一日观者，请施十万，第二日可五万，等三日可任例责施。及开户，光照一寺。施者填咽，俄而得百万钱。

从这个故事里，可知当时的名画家很热心于佛教艺术的工作，并且得到广大群众的拥护。

我国初期的佛教画，大概依据的多是印度传来的图样。到梁代的张僧繇，善画佛像，独出心裁，创立了"张家样"；佛像的中国化，从他有了很好的发展。他的儿子善果和仔童也善画，并擅佛画，能传其业。善果的名画有《悉达太子纳妃图》《灵嘉寺塔样》。仔童的名画有《释迦会图》《宝积经变图》。在南北朝的后期，张僧繇的影响很大，有不少人学习他的画派。所谓"望其尘躅，有如周孔"，可见声望之隆。他用简练的笔墨，绘画佛像。《历代名画记》说他"笔才一二，而象已应焉。因材取之，今古独立。象人之妙，张得其肉，陆得其骨，顾得其神"。唐以前，佛教绘画在中国的发展，僧繇是一个有力的推动者。他又常用印度的画法，在南京一乘寺作画。据文献说："一乘寺，梁邵陵王伦所造，寺门遍画凹凸花，称张僧繇手迹。其花乃天竺遗法，朱及青绿所成，远望眼晕如凹凸，就视即平，世咸异之，乃名凹凸寺。"证之以印度阿旃陀6至7世纪以前的壁画，用浅深渲染的方法，分出明暗的阴影，这也就是一乘寺凹凸法的根源。张僧繇和从西域来的尉迟乙僧都曾用此法作画，这可以说是印度画法在中国的介绍。这个新的画法在中国留下多少影响，姑且不论。但在南北朝时期，佛教与中国绘画的关系确实是非常密切的。

在北朝，北齐曹仲达佛画颇享盛名。曹氏来自中亚的曹国，带有域外作风。他创立了"曹家样"，为唐代盛行的四种样式之一。它的特点是衣服紧窄，大约为印度笈多朝式样；与吴道子结合中国传统的风格所创立的"吴家样"并称。所谓"曹衣出水，吴带当风"，就是对他们概括的评语。

当隋以前，还有不少印度的画僧来到中国，为中国绘画渗入了新的作风。新疆、甘肃的洞窟壁画，有中央亚细亚人和印度人来与中国画家们合作绘制的。来中国的画僧释迦佛陀、吉底俱、摩罗菩提等，都是擅长绘画的印度人。所以南朝陈时姚最《续画品》说："右此数手，并外国比丘，既华戎殊体，无以定其差品。……下笔之妙，颇为京洛知闻。"观乎此，则中国画坛上佛教艺术所占的地位是很重要的。

到了唐代，佛教绘画更是盛行一时。《历代名画记》举出"两京外州寺观画壁"有上都寺观画壁140余处，东都寺观画壁20处，多出于名家之手。其中吴道子画就有32处。杜甫诗称"画手看前辈，吴生远擅场"。吴画既精且多，享名不是偶然的。吴道子的画迹，多在寺观中；可惜这些宝贵的名作，当会昌五年（845年）时，多被毁坏。据张彦远所记："会昌五年，武宗毁天下寺塔，两京各留三两所，故名画在寺壁者，唯存一二。当时有好事者，或揭取陷于屋壁，已前所记者，存之盖寡。先是宰相李德裕镇浙西，创立甘露寺，唯甘露不毁，取管内诸寺画壁，置于寺内。大约有顾恺之画维摩诘，在大殿外西壁；戴安道文殊，在大殿外西壁；陆探微菩萨，在殿后面；谢灵运菩萨六壁，在天王堂外壁；张僧繇神，在禅院三圣堂外壁；张僧繇菩萨十壁，在大殿两头；张僧繇菩萨并神，在文殊堂外壁；展子虔菩萨两壁，在大殿外；韩干行道僧四壁，在文殊堂内；陆曜行道僧四壁，在文殊堂内前面；唐凑十善十恶，在三门外两头；吴道子僧二躯，在释迦道场外壁；吴道子鬼神，在僧迦和尚南外壁；王陁子须弥山海水，在僧迦和尚外壁。"据此文献，则当时名家的作品，幸而保存者，仅此寥寥；经过历世的劫难，即此也付之烟消云散了。

南朝的寺观壁画，虽多毁去，但是北朝的洞窟壁画，却多有保存。在敦煌的千佛洞，所保存的即以唐代的壁画为最多，足补这个遗憾。敦煌千佛洞有唐代壁画与彩塑的洞窟，共207

个，可分初、盛、中、晚四个时期。其重要的洞窟，如初唐的第220窟，造于贞观十六年（642年）。盛唐的第335窟，造于垂拱二年（686年）；第130窟和第172窟，造于开元天宝年间（8世纪前半叶）。中唐的第112窟，晚唐的第156窟（此窟为张议潮建，窟外北壁上有咸通六年，即公元865年所写的《莫高窟记》）等，都存有辉煌灿烂的作品，可为唐代佛教绘画的代表。这些洞窟壁画，虽则出于无名画家之手，但是它的作风应该与吴道子、阎立本诸大家的一致。例如敦煌壁画维摩诘经变中，座前的听众有诸王贵官，这就与现存的阎立本的帝王图相似。由此可以推知，这些图像应有共同的画法，为当时的规范。

这些壁画的内容，为了宣扬佛教，表现的题材是佛经经变故事、净土变相以及佛菩萨像等。唐代佛画内容，较之过去更丰富，色彩也比较绚烂，表现的境界也更扩大。唐代最流行的是佛教净土宗。因此净土变相在壁画中表现得最多，约占228壁。其他经变如《观世音经变相》《药师净土变相》《报恩经变相》等，也往往采用净土变相作为其主要的部分。

在净土变相中，把极乐世界装饰得非常美丽，其中有七宝楼台，香花伎乐，莲池树鸟，表现出无尽的美景。用富丽的物质现象，去描绘观想法门境界。其中表现了乐观美满的生活，表现了音乐舞蹈，香花美果，享受的欲望，这与出世苦行禁欲的态度有很大的差异。而且所绘画的佛、菩萨、诸天、力士等，都是美丽和健康的化身。对美和健康的赞赏，是与唐代的社会生活、人民的爱好完全一致的。唐代的佛画还点缀着许多人间社会生活小景，乐观、明朗而富有情趣。因此它深入社会，滋生在群众的心灵中。

社会既有这样的要求，艺术家也就都热心于佛画的制作。宋郭若虚《图画见闻志》说："自吴曹不兴，晋顾恺之、戴逵，宋陆探微，梁张僧繇，北齐曹仲达，隋郑法士、杨契丹，唐阎立本、阎立德、吴道子、周昉、卢楞伽之流，及近代侯翼、朱繇、张图、武宗元、王瓘、高益、高文进、王霭、孙梦卿、王道真、李用及、李象坤、蜀高道兴、孙位、孙知微、范琼、勾龙爽、石恪、金水石城张玄、蒲师训、江南曹仲玄、陶守正、王齐翰、顾德谦之伦，无不以佛道为功，岂非释梵庄严，真仙显化，有以见雄才之浩博，尽学志之精深者乎。"观于这一段记载，有许多名画家从事这个工作，可知佛道宗教画已经成为这一时期的主流。而且自隋唐以来，佛画更多地融合了中国传统的技法，逐渐与印度传来的风格相远，表现了中国艺术家的智慧和独具的作风。

到这时中国佛画不仅在形象上创造了多方面的优秀而完整

的典范，在内容上也通过一些故事性的情节，表达了生活中的欢乐与希望、爱情与苦难，表达了极大的忍耐、镇静、牺牲、斗争的种种精神生活。例如在维摩诘经变中，以热烈的辩论，去追求真理；在降魔变中，以坚定的力量去镇服邪念，在劳度叉斗圣变中，以种种斗争克服了敌人等。艺术家以丰富的想象力，把很难表达的情感鲜明而深刻地表达出来。

唐代的佛教绘画，在中国绘画史上，可以说达到一个高潮。唐以后的佛画虽则仍然继续演变，但气魄的宏大与构图的复杂，已不敌唐时。在敦煌壁画中，宋代的洞窟壁画已显得黯然减色，不似唐画的重彩鲜明，而且故事性的内容也较少，佛像多是依据一律的粉本，殊少变化。其在民间艺术中，仍然保持着佛画的传统，唯其生动活泼的技法，较之唐代似已衰落。画院画家与文人画家，趋向于山水花鸟的发展，重心已不在佛画方面。至水墨画派兴起，佛像、菩萨像、罗汉像虽则仍有画家创作，但已在笔墨韵味上要求有特出的表现，与唐代及以前佛画的面目已经不同了。此与北宋以来的禅宗盛行，不无关系。宋至明清时代，中国与尼泊尔在佛教艺术上发生了关系；佛像的画法由西藏传来，又有了变化，开始了近代佛画的一个新的阶段。

佛教对于中国绘画有很大的影响，而又以唐代为最深。鲁迅先生在《论旧形式的采用》中说:"在唐,可取佛画的灿烂,线画的空实和明快。"这对于唐代佛画的色彩和线条,见解都是很深刻的。我们中国美术史学者,应该对这一部分宝贵遗产加以好好研究。

(此讲稿经杨瑞林整理)

佛教与中国雕刻

中国雕刻,在未受佛教艺术影响以前,已经有长期的历史;在殷周时代,就以民族独创的风格达到很高的成就。殷墟发掘出来的白色大理石鸟兽雕刻,通体有花纹图案,匀称典丽,在世界艺术史中独具特色。周代的玉雕非常精美,如浚县古墓和洛阳金村古墓出土的遗物,除雕玉本身有很高的艺术技巧外,还使用黄金和绿松石(西名土耳其玉)的镶嵌艺术。不过汉以前的雕刻,现在发现的大率都是小型的,无巨大的作品。到汉代才有大型雕刻出现。

西汉霍去病墓前的马踏匈奴像,以及猪、牛等石刻,作风雄伟质朴,代表着前汉时代帝国威力的强大。到后汉时,近似绘画的浅浮雕非常盛行,普及山东、河南南阳、四川等地。如山东嘉祥县武氏祠的绘像,可为这一类的代表;但多是平面的,立体圆雕却不多见,仅有嘉祥武氏祠的狮子、雅安高颐阙的异兽等少数而已。汉以后的南北朝时期，佛教艺术给中国雕刻艺术一种非常有力的新的刺激，中国的雕刻逐渐转入一个新的阶段。

首先我们从石窟的雕刻艺术说起：凿窟造像，是印度各宗教共有的习俗。如婆罗门教、佛教、耆那教、印度教等，都有此等建造的遗物。阿旃陀和爱楼拉是其最著名的洞窟。自佛教东渐，此种艺术也随之东来。在佛教东来的通路上，经过新疆维吾尔自治区，遗留有古代龟兹、高昌等洞窟的造像，经过甘肃河西走廊，遗留有敦煌千佛洞，安西榆林窟、永靖炳灵寺、天水麦积山等石窟造像；再东进而有山西大同云冈、河南洛阳龙门、山西太原天龙山、河北磁州响堂山、河南巩县石窟寺、山东云门山、辽宁义县万佛堂、江苏连云港等大小石窟造像，蔚为盛观。在江南的有栖霞山石窟造像，在四川的有广元石窟、大足石窟以及巴中、通江等地石窟造像，分布既广，数目亦多，不能尽举。乐山大佛，尤呈伟观。从北魏到隋唐时期，中国在佛教雕塑艺术方面，创造了很多伟大的工程。以上所记的各石窟，大率是这一时期所留下的成绩。全国其他各庙宇中的金铜、铸造、石刻、木雕、夹纻干漆造像，还不计其数。佛教对于中国的雕塑艺术，无疑地产生了很大的影响。

佛教初来中国时，佛像就曾同时传来。晋袁宏《后汉记》《后汉书》《佛祖统纪》等书，均有记载，并说："蔡愔等于中天竺大月氏国遇迦叶摩腾、竺法兰，得佛象、梵本经六十万言，载以白马，达洛阳。"从这些记载可以知道，中国的佛教雕刻大概就以当时的佛教经像为最初的造像范本。

今传最早的佛像雕刻，始于三国吴时。这是佛教在中国南部传播的结果。到南北朝时，中国南部与北部的佛教艺术都发展得盛极一时。早期擅长佛像的艺术家，有东吴的曹不兴、东晋的顾恺之、梁代的张僧繇、北齐的曹仲达等人，到唐代以吴道子最为著名。据说，三国时代有天竺僧人康僧会，到吴国传播佛教，得到孙权的信仰，为立建初寺于建业。吴兴人曹不兴受康僧会带来的佛画影响，遂为中国佛画家早期最有名的一人。康僧会是康国人，即中亚细亚的撒马尔罕人。可见中国的佛画一开始是根据从西域传来的样本学习的。画像是如此，雕像大概也是如此。这期间中国的艺术家们，经过长期的精心研究，逐渐创立了自己的式样。张僧繇和曹仲达就创立了张家样和曹家样的独特风格。

中国早期的佛教雕塑，遗存有不少北魏以来的宝贵作品。从敦煌、云冈、炳灵寺等处的现存造像可以看出它的艺术风格的演进。在初期，造像的艺人们大概直接从印度传来的图像取法。例如云冈的石佛洞，现存40余洞，区分为东、中、西三部分；其中东部3洞、中部10洞、西部9洞比较重要。西部的所谓昙曜五洞，即编号第16至20的各洞，佛像最大，庄严巍峨，高达数丈。在东方佛教造像中，这是无可伦比的奇迹。造像的作风，与印度犍陀罗艺术及其后的笈多艺术虽有相似之点，但又有许多不同之处。这是印度艺术传入我国后，与我国传统风格相融合之故。壁上的贤劫小佛，面容多作犍陀罗式。中部第1、第2两洞壁上，像一条连环画的带子，刻有佛教故事9图；接承犍陀罗的作风，为西部各洞所无。第三为六美人洞，前壁上层6美人，坐帷幕中，婉丽肥硕，也是犍陀罗式的姿态。中部藻井上的飞天，肥短如小儿。印度鹿野苑笈多时代的雕像，佛背光上也有肥而短的飞天。两者相似，在艺术作风上有其共同之点。云冈西部各小洞的晚期作品，飞天则削肩瘦长，衣带飘逸，与前者绝不相类。这正是中国艺术史上所说的"瘦骨清像"的艺术风格，占统治的北魏晚期，佛教雕刻艺术也已经逐渐"中国化"了。

北魏太和十七年（493年），迁都洛阳，佛教的中心地也转移到洛阳。在洛阳南40里的伊水两岸，更营石窟造像。其地断崖如门，号称伊阙，又名龙门。自东魏、北齐、隋、唐，次第继续开凿，至唐高宗、武后时，经营达于最高点。北魏时专开左岸（西）。隋、唐时重要的制作也多开于左岸。右岸（东）

则专为唐代的作品。左岸最重要的有21窟，其余小窟甚多。据《魏书·释老志》所记：造窟3所，即用工力80万2366人；就全部石窟说，可知所费劳动人民力量之大。

龙门石刻造像的特点是，更能融合传统的艺术，创造出新的民族形式。可以说雕像艺术最初吸收了印度的方法，到这时才完成了中国自己的风格。龙门左岸第3窟北魏宾阳洞，佛像优美，比例更较云冈为佳。其中伎乐供养人和藻井的图案，均典丽飘逸，在艺术史上有很大的发展。云冈石窟铭刻的文字不过数处，龙门则每洞多有铭记，因此大略可以考知年代。魏以后隋唐的制作，愈益显示出优秀的民族作风；形貌昳丽，含睇若笑，温雅敦厚，富于情味；躯干更多颀长。此种作风，业已脱离印度佛教艺术的母范，而独自发育；并东传而至朝鲜、日本，造成东方佛教艺术的一个系统。

在我国西部的敦煌千佛洞和天水麦积山，更发展了泥塑的艺术。这在佛教艺术史上，是中国自己的创造。敦煌早期的彩塑，有北魏的作品；麦积山早期的彩塑，有大代景明三年（502年）的墨书文字，也是公元6世纪初后魏的作品。从麦积山的北周和隋唐的彩塑，可以看出中国彩塑艺术所经过的道路。泥塑的艺术发展到唐代，有杨惠之等泥塑名手见于文献。泥塑的艺术，较之金石材料的雕刻艺术，更能显出雕塑家得心应手的妙技。自唐宋以来，各地寺观盛行泥塑、木雕，逐渐代替了洞窟石刻造像。这也是佛教艺术的一大演变。

中国的石刻佛像，在早期也曾施以彩色。甘肃博物馆曾存有一石刻造像，当时所施的色彩完好如新，可以为证。在云冈石窟中，也尚有几处保留着古代的色泽；其他如显露在崖外的大佛，色彩久被风雨所蚀，洞内的佛像更不少为圬墁所损，已失去了原来的精彩。曾记南京栖霞山（摄山）石刻诸佛，于30年前被装修改观。这都可以说是泥塑盛行，连精致的石刻也被改造了。今存摄山舍利塔，雕刻优美，以此证知栖霞诸佛，当时也应是出于名工之手。遭到污涂破坏，甚为可惜。至于麦积山石刻，因系砾岩，当雕造之初即曾外加泥塑，施以彩色。它与其说是石刻，毋宁归于彩塑更为正确。麦积山第135号窟中有石造立佛三尊，第127号窟有石造坐佛一尊，此石材非本山所出，都很精美。可见泥塑与石雕，在当时就是并行的。

凿窟造像的技术，中国与印度相同；但造窟的形式与造像的形式，在中国都有变化，与印度不同。此外尚有各寺庙中的造像碑，自北魏以来也非常盛行。碑碣的制度，本来是中国社会所固有的，不过自从佛教输入后，才有造像碑。佛教造像碑，有很伟大的作品。例如北魏从永熙二年（533年）开始制作的大造像碑，至武定元年（543年）工就，施工历10年。此碑最上刻佛像,其次为护法,再次为维摩诘经变,复次为诸供养人,下为碑文,图文并茂。此碑可谓造像碑中的代表作品;惜被盗卖,现存美国波士顿博物馆。它如日本东京大仓集古馆,存一北朝造像碑,背光后刻诸杂技艺,也非常精美。造像碑盛行于北朝,是佛教艺术中的独创形式。

雕刻经幢,也是我国佛教艺术中所特创的。经幢本来是以织物制成;在幢上书经,故名经幢。经幢可随风飘转,以代诵读。在中国,取其经久不坏,改用石雕刻而成。其上所刻的经文,多是真言宗的咒语。唐代曾留下不少这一类的遗物。到辽金时代,陀罗尼经的经幢尤其盛行。在佛教雕刻艺术中,这是中国独创的形式,为印度所无。

佛教雕刻以佛像为主,佛像的式样,在中国历世都有变化。佛像之在印度,因那里系热带,其衣着极薄,且多偏袒右臂,裸露胸膛。如云冈第17窟至第20窟的本尊,都是所谓"偏袒右臂式",衣服从左肩斜披而下,至右腋下。衣服的边缘搭在右肩头,右胸及右臂都裸露在外。衣褶为平行、隆起的粗双线。第8窟和第20窟的左右夹侍是所谓"通肩式",宽袖而薄的长衣紧紧贴在身上,并随着躯体的起伏形成若干平行弧线;领口处为披巾,自胸前披向肩后。以上两种衣服的式样,在早期的佛教造像中是很流行的,大概是原从印度传来的式样。

其后便演变为中国的服装式样。如云冈第16窟的本尊是"冕服式",衣服为对襟、露胸衣,胸前有带系结,右襟有带向左披在左肘上;衣服较厚重,衣褶距离较宽,做阶段状。第19窟左窟中,垂脚坐的大佛,衣服也是这种式样。从这种式样可以推知其从印度接承的图样。大概"偏袒右臂式"和"通肩式"为较早期的形式,根据外来的型范所造。有些菩萨像下身着裙,左右两肩披下的两条飘带十字交叉在腹前,代替了偏袒式上身悬挂璎珞的装扮。总之,"冕服式"是中国式佛像的特点。由衣服装饰的不同,可以看出中国与印度因气候不同的影响而在造像艺术上产生的不同表现。

自唐以后,佛像和菩萨像更加中国化,中国的雕塑家们在中国人中间选取美与健康的典型。反映在作品上,面貌和肌肉都表现出美与力量。佛、菩萨、力士,也就是最可爱的形象。作品中的衣饰、背景、用具都逐渐中国化,使佛教与中国雕塑艺术融合一致。我们看大同华严寺的辽金时代佛像和南寺的明代佛像,尽管与云冈相去甚近,但是作风不同。这就是其演变的结果。

到元代以后的佛像雕塑,曾受尼泊尔艺术家阿尼哥的一些影响。阿尼哥传弟子刘元,所做佛像宽眉细腰,是其特点。这种形式,在西藏佛像中尤其普遍。清代的藏传佛教雕刻,即由这一艺术传统发展而来。中国的雕塑,把外来的形式融合在自己民族形式之中,历一千五六百年的过程,大大地丰富了自己的艺术。这些伟大的成就,今天是值得我们爱护并继续发展的。

(《现代佛学》1958年第12期)

下编

中日文化艺术的交流

日本民族是一个伟大的民族，她有丰富的创造力和爱好美术的悠久传统。中国人民和日本人民有长期友好的关系。自从中国和日本两个伟大的民族有了接触以来，便互相学习，推动社会向前进步。在文化艺术的诸方面，有了血肉相连的关系。古代的日本人民曾经遥遥渡海而来，不畏风波，从唐代的长安带去了不少珍贵的文物，保存至今，成为两国人民历史友好的证据。

在过去的悠长的封建历史时期，两国的艺术、都市建筑、礼乐、服饰、工艺、器用等，都呈现了相似的形式，而又各具不同的民族风格。这些都表明了两国人民的文化关系是如何深远。

中日两国仅一衣带水之隔，像并蒂的花枝，在古代的东方呈现出灿烂的色彩，散发着馥郁的芬芳。

日本人民的辛勤努力创造出了独具风格的美术体系。在遥远的古代，在日本的土地上已展露出了美术的萌芽。日本考古学者所发掘的史前遗物，如绳纹土器、弥生式土器、埴轮土偶等，这些原始朴质的塑造是日本艺术的开始。日本东北地方的阿伊努（虾夷）民族，展布到日本的关东关西，在文化艺术上有所创造，在日本文化的曙光期放射出光彩。

日本文化与中国大陆文化相接触，大约开始于汉魏时代。我国的《魏志》开始有了明确的记述。而在日本，有汉倭奴国王金印在志贺半岛被发现，有不少汉代铜镜从瓮棺古墓中出土，又有魏景初三年（239年）铭文镜在大阪黄金冢古坟发现。这样，中国汉魏时代的文化艺术与古代日本文化艺术的密切接触，就有了实物证明。再从隅田八幡出土的画像镜铭文上和江田船山古墓出土的大刀银嵌铭文上，我们看见了6世纪初年（503年）的日本古代艺术遗物使用汉字记录历史年代的确证。可知至迟在汉魏时代，海洋虽深，风媒已播送了友谊的种子。两国人民的手臂，已经遥遥相挽了。

古代日本人民与中国的频繁接触，是在隋唐时代（581—907年）。他们对于中国文化艺术的吸取怀着极大的热情，中国人民也以极大的热情相待。在隋代的大业年间（607年），日本派遣大礼小野妹子来使，自此以后，又遣使三次。日本的使臣前来中国，偕有留学生同来。使臣回国后，留学生在中国学习常达数年。在唐代，日本继续派遣使臣前来中国。据日本的记载（范文澜《中国通史简编》所引），前后任命"遣唐使"共19次。唐中宗至玄宗时期，日本4次遣使，规模宏大，人数众多，号为最盛。

日本遣唐使来中国的目的之一就是交流文化。遣唐使一般都是选择文艺优秀、通达汉文经史的文臣，使团人员中包括医师、阴阳师、画师、音乐长，并有众多的学问僧和留学生同行。来长安的遣隋唐使团人员常常多到几百人，唐中宗到唐玄宗时代的几次，都达到500人左右。日本遣唐使归国后，多位列公卿，参与国政，唐代的文化艺术随之被介绍到日本。

当时中国人民对日本遣唐使的往返，亲切迎送，也常像兄弟般的难分难舍。这些遣隋遣唐的留学生和学问僧、绘师、乐师、建筑师等，带去了中国大陆的文化艺术。日本艺术家们以之借鉴发展着自己民族的文化艺术。

回溯日本钦明十三年（552年），汉文的佛典由东北陆路经百济渡海而传入日本，佛教的经论、造像不断地由大陆输往日本，律师、禅师、比丘、尼、咒禁师、造佛工、造寺工等也相随而至。因为崇信佛教，大量建筑寺院，雕塑佛像，绘壁画，绘经卷，日本的宗教美术有了很大发展。当他们对美术技法正多方进行研究的时候,无论在创制或学习上,中国的艺术家们都尽力与之合作。这些早期艺人的名字,曾载入日本的史册。日本雄略七年(463年)七月诏命新汉陶部高贵、鞍部坚贵、画部因斯罗我等,迁居于桃原、下桃原、真神原等地。相传魏安贵公之子龙(一名辰贵),也以善画入日本。这些从中国大陆去的第一批艺术工作者,对交流两国的文化艺术做出了自己的贡献。这时期,由于日本美术家的勤恳努力,日本的绘画与装饰画有了很大的发展,进入成熟阶段,日本画派中的唐绘即产生于这个时期。

从日本飞鸟时期的艺术遗物看,法隆寺所藏玉虫厨子,作中国宫殿建筑式样。下承须弥座,正面绘《舍利供养图》,左侧面绘《金光明经舍身品舍身饲虎图》,右侧面绘《涅槃经圣行品施身闻偈图》,背面绘《须弥山图》。厨子上部宫殿部分,绘有天部、菩萨诸像,画法于黑漆地上,施以朱、绿、黄等色,赋彩虽简,而线条雄健,似我国南北朝时期的画风。据传为推古时代遗物,初藏橘寺,橘寺既废,转送法隆寺。

又中宫寺所藏天寿国曼荼罗丝绣残片,据铭文为推古二十九年(621年)十二月圣德太子之妃橘妃所绘。在这绣品上,残存有比丘敲钟、天女飞翔、玉兔捣药、莲花坐佛各部分。这两件遗物的绘画,虽然色彩简单,构图朴质,但是韵味笔致都同中国南北朝时期的画风十分近似。当其时，在中国画坛上，陆探微、张僧繇、曹仲达等名家辈出，谢赫的六法阐述了绘画的原则，画风东渐，对日本初期的美术也有一定的影响。

日本奈良时代，在公元7世纪建筑的法隆寺大体仿照中国宫殿式样，是古建筑的宝贵遗物。寺内金堂壁画，绘于7世纪末8世纪初年，妙相庄严，婉丽多姿，它与盛唐时期的敦煌壁画同一风格。这个壁画是日本、中国和朝鲜的艺术家们的精彩合作，成就极高。它不仅为日本人民所喜爱，也为中国人民所喜爱；留传1000多年的瑰宝，近年不幸遭到烧毁。与壁画同时的圣德太子像，服饰冠带，仿佛唐制；写貌传神，也仿佛是一幅美好的唐画。这幅肖像画被称为日本大和绘的初祖。在奈良正仓院中，曾保存不少唐代传去的艺术珍品，为日本艺术家所宝爱。我们研究日本的大和绘，可以明显地看出它与唐画的密切关系。阎立本等名画师写真的技法，已经成为中日两民族艺术家们共同的遗产了。

奈良时代包括白凤（7世纪至8世纪）与天平（8世纪至9世纪）两个时期。前期的法隆寺金堂壁画与五重塔壁画，规模宏大，内容充实，而且艺术水平很高，是很有气魄的作品。在奈良时代的盛期，绘画内容巧致有余，但缺少泼辣的味道；所谓丰丽柔媚，可以说是白凤时期绘画的特色。到天平时期，药师寺所藏公元8世纪的《吉祥天女图》，与正仓院所藏鸟毛立女屏风作风相同，都是脱胎于唐画的手法。据日本美术史家关卫所说："这画的背面，记有开元四年（716年，日本元正帝灵龟二年）的年号，其为中唐的画，自可明白。"（见《西域南蛮美术东渐史》）这些画用墨勾出轮廓线，施以丹、绿、蓝等色；论其技巧，细致丰腴，色彩柔和，若与张萱、周昉所画唐代的仕女对看，颇有近似之感。

正仓院所藏琵琶的拨面，绘有《骑象鼓乐图》；阮咸的拨面，绘有《松下围棋图》。两者虽然是附在乐器上的绘画，但这种即兴点染的生活小景，不像佛画那样有一定程式，可以自由抒写，随意表达人物的情态，因之更能看出当时写实技法所达到的成就。另外附在阮咸和琵琶上的，还有弹奏阮咸图、骑猎酒宴图，也属于这一类的绘画。从这些遗品上，我们可以知道中国古代用油彩作画的技法也已传到日本。日本著名的漆绘，据日本美术史家的研究，与中国的关系也很深，而且早植基于唐代。

8世纪的另一著名作品，是醍醐寺报恩院所藏的《绘因果经》8卷。这个绘卷以上图下文的形式，描绘了佛本生的故事，并且衬托着树木、山岩。其中人物的画法，以及表现树石的方法和写经的书法，都显示着唐朝的艺术作风。这个绘卷下启日本绘卷物的美术式样,并且是后来木刻印刷经卷上图下文的常用形式。

到8世纪末,日本都城由奈良迁于京都。从9世纪开始的平安时代,在画风上继续着唐绘的规范,盛行的仍然是佛教美术。日本高僧空海(弘法大师)与最澄(传教大师)等随遣唐使入唐求法,带回了天台、真言两宗,并把唐朝佛教密宗的佛画图样也带入了日本,于是佛教美术由显教转于密教,出现了不少白描的图像。如京都神护寺的《金刚界曼荼罗》和教王护国寺的《胎藏界曼荼罗》,便是9世纪的密宗佛画代表作品。此外著名的密宗佛画,如高野山智证大师的《赤不动尊》,园城寺僧空光的《黄不动尊》,以及和歌山的《五大力吼象》等,怒目注视,威猛慑人,强烈的色调与凹凸的画法,应是传习了中晚唐的佛画作风。又李真所绘金刚智、善无畏、大广智、一行、惠果等五祖肖像,由弘法大师传入日本;这种细致而谨严的写貌传神的技术,曾为日本肖像画家所重视。其后加入龙猛、龙智及弘法大师像,称为真言八祖。这些肖像画,长期成为日本肖像画法的基础。这个时期中国的画家,也有不少定居日本,子孙世传其业。日本、中国的美术家,相互学习,融会调和。到了10世纪,日本创立了大和绘的鲜明、独特风格的画派。

佛教艺术的日本化，产生了新的艺术品种。在天历五年（951年）落成的醍醐寺五重塔内，绘有两界曼荼罗壁画。天喜元年（1053年）落成的平等院凤凰堂壁上，绘有九品来迎图。这些壁画的笔致优婉华丽，显示了日本美术的新作风，适合了社会的爱好与贵族们的趣味。

日本美术的更加成熟，是从公元10世纪到16世纪，包括着日本美术史上的藤原（10世纪至12世纪）、镰仓（12世纪末至14世纪）、室町（14世纪至16世纪）各时代。日本美术经过了多样的发展，民族风格越来越鲜明。从唐绘演变到"大和绘"，"绘卷物"与"屏障画"盛行一时。"绘卷物"是从"绘因果经"等佛教绘卷发展而来的。日本今传的古绘卷，11世纪中期的有《圣德太子绘传》《伴大纳言绘词》《吉备大臣入唐绘词》《寝觉物语绘卷》等。这时期以佛教为内容的绘卷仍复不少，如《地狱草纸》《善财童子绘卷》之类。但是绘卷的题材内容，以后逐渐扩大，描写战争、闺情、寻常世态，遂开江户时代"浮世绘"的先路。例如《源氏物语绘卷》《紫式部日记绘卷》《古物语绘卷》，其内容完全脱离了宗教范围。绘卷有如现代连环画一样，用连续的长幅绘画，解说一个故事的内容，从佛绘到物语绘，可以区分为说经、和歌、故事、战记、缘起、记录、传记、小说等。它的画风和内容纯然是日本特有的。它用绘画记录了这一时期的传说、习俗和故事，表达了日本社会各阶层的生活。

这一时期的另一特殊艺术是屏障画。由于贵族社会考究园庭，室内多用屏障，于是屏障绘画成为时尚。屏障画特别重视装饰趣味，内容有风景、花鸟、舞乐、游戏等，色彩喜用金碧。金碧屏障风行一时，至桃山时代达于极盛。在大和绘中，占有重要的地位。

从飞鸟、奈良到平安时代的前期，日本的唐绘派成为画坛的主流。到公元894年以后，日本遣唐使中断，唐绘派有了演变，大和绘逐渐发展。当日本延喜至天历（901—956年）之间，又时有中国船舶来往。中国宋代的绘画，又复输入日本。日本水墨画的产生，同中国宋代绘画的影响不无关系。

佛教在宋元时代与宋元的理学相结合，发展而为禅宗，弃渐进而倡顿悟，常说心即是佛，不拘于形式。在绘画上也发展出新作风，产生了逸笔草草，不拘形似，以古淡为贵，不用艳丽色彩的水墨画。日本的僧人不断来中国，中国僧人一宁、良全等也去日本，把佛教的禅宗传入日本。在13世纪以后，日本出现了如拙、周文、宗湛、雪舟、宗誉、雪村、秋月、宗渊、周德等禅师而兼画师。同中国一样，日本水墨画与禅宗的关系也是很深的。在日本的室町时代，中国的水墨画风可以说盛行于日本的画坛。试以大画家雪舟为例，他的画曾经吸取了夏圭、马远的画风。他又曾游历中国，住四明的天童山学习，至老作画还眷眷于中国的风物，在画中表现出了浓重的中国景色。

16世纪的后期，日本绘画从水墨画的笼罩下，发生了新的变化；以狩野正信为首，形成了狩野派，这个画派一直繁荣到江户时期。正信之子元信，生于16世纪末叶，在足利将军家为官，狩野派便也成为官派画家，子孙世袭其业。狩野派的特点，即在于把汉画的样式日本化。他们常为封建贵族的宅邸画风景、花鸟屏障。到江户时期，也写社会风俗，与后期的"浮世绘"发生了关联。欧洲画风东渐，在狩野派的绘画中也常有所表现；所谓南蛮屏风，就多出于狩野派画家之手。

把日本绘画向前推进，在17世纪有海北—长谷川派，土佐—住吉派，宗达—光琳派等。宗达与光琳，对于写生有坚实的基础；描写现实生活，作风严谨。日本绘画于是更加成熟。

这时期不可忽视的是"浮世绘"版画的兴起，"浮世绘"产生于17世纪。当时市民阶层抬头，这种艺术表现了他们的趣味、愿望与生活，对封建统治者曾予以批判、嘲讽，这在当时是有进步意义的。"浮世绘"产生于我国明代版画艺术高度发展以后，显然是受到明代版画的影响。日本早期的"浮世绘",从宽永到宽文年间(1624—1672年),为京阪的"肉笔浮世绘",即彩色风俗画,而非木刻。到日本庆长十三年(1608年),光悦本《伊势物语》刊行,是为木刻"浮世绘"的开端。进入江户时代,艺人辈出。岩佐又兵卫(字胜以,1578—1650年)绘有《庶民游乐团扇图》《王昭君图》《三十六歌仙图》等作品,为木版浮世绘首出的画师。但上溯此种艺术的源流,七佐派与狩野派绘画已开其端;岩佐胜以的画艺,即从土佐派所传习。至木刻浮世绘,菱川师宣实为其中有重要成就的一人。师宣的作品,明显地受有中国版画的影响。如其所作《绘本风流绝畅图》,即由于看到中国彩色版《风流绝畅图》加以摹刻而成。又如"丹绘"开始于日本延享三年(1746年)法眼大冈春卜出版的《明朝生动画园》3册,刻有明画59图,绘者有文徵明、东郭、孙克弘、戴文进、丁玉川、朱铨、文衡、王维烈等。康熙时我国所印套色版《芥子园画传》亦为日本所翻刻。日本浮世绘师们,常常参考中国的版画,这在日本浮世绘版画的初期发展上曾有不少影响。在后期更进一步发展,形成了日本独特的民俗艺术风格。

"浮世绘"的代表画家菱川师宣是其先行者,继起的有宫川长春、鸟居清信、怀月堂安度、西川祐信、奥村政信、鸟居清满、铃木春信、矶田湖龙斋、胜川春章、东洲斋写乐、喜多川歌麿、鸟居清长、葛饰北斋、安藤广重等人。鸟居清信与鸟居清满，为鸟居派"浮世绘"的开创者。这一派为歌舞伎的舞台艺人写貌传神，并绘出许多舞台场面，与我国的杨柳青年画常绘京剧戏出相类似。铃木春信的作品，作风纤柔，婉丽多姿，但是常常男女形态不分，男子亦似女子的姿媚。东洲斋写乐的作品，专写优伶的相貌，形状近乎怪异，如漫画般的夸张，并且常用银灰色的云母粉纸作底，在"浮世绘"中，独树一帜。喜多川歌麿，以绘仕女著名，驰誉西欧，给法国的近代画家以不少影响。北斋生于江户的葛饰村，他的作品有浓重的乡土景色，也是知名国际的"浮世绘"作家。广重则以描绘旅途风光著名，在东海道中表现了各驿站的风土人情，活画出江户时代社会各阶层的面貌。其他作家所表现的有市井风俗、花鸟人物等，都是纯日本式的情调。"浮世绘"到现代，经过藤悬静也、高桥诚一郎等专家的继承研究，更得到国际重视。其在印刷"浮世绘"技术上，初为单色墨摺，继续发展为丹绘、漆绘、红绘等，由单色发展为多色。到18世纪的后期，套印繁复，色彩绚烂，称之为锦绘，在手工印刷技术上有很高的成就。"浮世绘"与中国木版的年画作用相似；它植根在群众中间，在都市和农村都有广大的爱好者。

从18世纪的末期到19世纪，还应该提到的有文人画派和圆山—四条画派。这与中国美术也发生着联系，文人画以池大雅、与谢芜村、浦上玉堂、青木木米等为代表，画风与中国的文人画相似。作画取材于山水、花鸟、人物，重在主观挥洒，自抒性灵，不拘泥于客观的描绘。但后期的渡边华山学习谷文晁的技法，却以善于写生著称。如他所绘的鹿的生态，即栩栩欲活，他长于人物肖像、花鸟虫鱼，把握形象，超越常人。到幕末维新时期，文人画派达到全盛。在同时的狩野、土佐、圆山、四条以及"浮世绘"艺术等流派，均被文人画的波涛所卷。但文人画自身也逐渐变化，非复本来的面目。

圆山—四条派以圆山应举、吴春为代表，学习了元、明、清画家钱舜举、仇十洲、沈南苹等的写生画法，更参用欧西的科学透视方法，写实的基础非常严谨，在日本画中，开一新派。圆山的追随者有驹井源崎、山口素绚、森狙仙等。吴春画风景，混合着抒情和装饰趣味。驹井源崎善画中国仕女。山口素绚善画日本仕女。森狙仙善画猿猴。他们的写生妙技都达到很高的水平。应举画有《群兽图》屏风，其中对于各种兽类都能抓住它们独具的生态；观察的仔细与状写的妙肖，可以称为写生大家。四条派的吴春，也出于圆山应举之门。他的追随者有松村景文、幸野梅岭和后来的竹内栖凤。栖凤的作品，花鸟生动活泼，尤其名重一时。

自室町时代到江户时代，在所有水墨画中，狩野派、文人画派以至圆山—四条派等，虽派别不同，可以说都与中国画的影响有关。中国画为日本艺坛所喜爱；她具有很大的魅力，亦为日本美术史家所公认。日本人民自具独创的精神，又因其同中国文化有千年以上的联系，所以神契难分。日本画师们能发挥其特殊的智能，创造出新的面貌。日本画家向来尊重中国美术。雪舟入明从张有声、李在传习宋元画技，在日本画坛得到极高的声誉，号称画圣。宋、元、明、清的画幅多量地输入日本；各种画传、画谱，日本也多翻刻。清代的伊孚九，在日本传授文人画，沈南𬞟传授写生画，都给日本画坛以很大的影响。日本的长崎画派，以释逸然与沈南𬞟为宗。沈的花鸟技法、动物写生，被日本画家长期研究，并加以提高发展，培育出民族风格的独特面貌。直到清代末年，还有些画家如费汉源、诸葛监、董九如、宋紫山、陆云鹄、朱柳桥、陈逸舟、华昆田、王克三等，长期居住日本，也使日本画与中国画保持着亲密的联系。

从以上的历史往迹看起来，中日两国艺术关系的密切，是不言而喻的。

西村真次博士曾说过："诧摩派从前代以来于佛画上器重

宋、元的风格，努力创造新风趣，至荣贺采取李龙眠和元代颜辉的笔意，而有中国风的表现，得到成功。……在此时代的晚期，可翁留学元朝，从牧溪学画十年归国，立北宗画的一派，是不应忘记的。好像建筑方面起了'唐样'一样，绘画上也表现出中国画风。"[1]日本已故老画家中村不折氏在他的《中国绘画史》序言中说："中国绘画是日本绘画的母体，不懂中国绘画而欲研究日本绘画是不合理的要求。"又中国绘画专门研究者伊势专一郎氏说，"日本一切文化皆从中国舶来，其绘画也由中国分支而成长，有如支流的小川对于本流的江河。在中国美术上更增一种地方色彩，这就成为日本美术"。这是过甚的谦虚说法。但从这些专家的著述中，也可以看出日本与中国美术的亲密关系。

日本当我国的宋代，即以倭漆和倭扇艺术著名，由商舶传入中国。倭漆与福建漆艺，在艺术上互相观摩，得到进步。倭扇为中国的折扇艺术开导了先路。宋郭若虚《图画见闻志》卷六载："折叠扇，用鸦青纸为之，上画本国豪贵，杂以妇人鞍马，或临水为金砂滩，暨莲荷花木水禽之类，点缀精巧。又以银泥为云气月色之状，极可爱，谓之倭扇，本出于倭国也。

---

[1] 西村真次《日本文化史概论》第八章《中国技术的影响》。

近岁尤秘惜，典客者盖稀得之。"这是日本扇传入中国宋代的记载。按倭扇即折扇，当时为中国所无。倭扇和名为"末广"（sue-hiro），因为末端宽广而得名；又叫扇子，是接受了汉语的名称。日本书画扇面的形式，从古写经扇面开始，历史已久。到明代的红金扇、乌油描金扇、温州的赭红戏画扇，殆无不受日本倭扇艺术的影响。倭扇书画艺术的传来，为中国艺术家所学习，到明代而大盛；数百年来，刻竹嵌钿，象牙紫檀，制以为骨，名家书画代有发展，成为精致艺术的一种。推源其始，它是从日本传来的。

日本自明治维新以来，社会发生一巨大的变革，即从西方世界输入了文化艺术。中国早期的洋画技法、西洋美术知识，则是经过日本输入的。中国的艺术学者，有不少曾赴日本学习。例如我国著名的艺术教育家徐悲鸿，在赴法之前曾到日本参观学习，游览各名迹及著名收藏达一年之久。南京的吕凤子（濬）、吕秋逸（澂）兄弟，是在日本学的画艺。凤子教美术数十年，秋逸讲西洋美术史、色彩学于南京美专等校。李叔同（弘一）学艺日本，归国介绍美术技法及西洋美术知识，从事艺术教育工作。广东岭南画派的画家，如何香凝以画虎著名；高剑父、高奇峰兄弟善画猿鸟花果，独树一帜；陈树人、经亨颐画花鸟竹树，构图新颖。他们多出于日本关东关西画作的指导。

在我国北方的画家郑锦，北京著名画家陈师曾（衡恪），南京的陈之佛、傅抱石，皆学于日本。其他学于日本的艺术家，有成就的还不少。我们不会忘记日本艺术家给我们的助力。

中国的插图木刻版艺术与日本的浮世绘版画艺术有数百年的历史，代表了民族艺术的传统。但欧西的新版画技法，日本却居先接受。中国吸取这种新的技法，也是向日本学习的。在新中国成立前，鲁迅先生曾为了培育新木刻的学徒，为革命事业尽力，在上海组织了木刻学习班，请来了内山完造之弟日本木刻家内山嘉吉讲授技法，鲁迅先生并自任翻译。鲁迅还选印了中国、日本、欧洲的木刻名作，以备学习参考。中国人民与日本人民这种战斗情谊，是永远也不能忘记的。

新中国成立以来，日本艺术曾多次在我国展出，如木刻画、光琳画、日本古代与现代画、日本书法艺术和北斋画、现代日本传统工艺等，使中国人民对于日本艺术有了更深的了解和借鉴，增进了中日友好、中日艺术的关系。

为了更系统地了解日本的绘画历史，我们试译了秋山光和所著《日本绘画》一书。回顾两国艺术交流的历史，对此书倍觉亲切。中国与日本文化交流密切的程度是无可比拟的。鉴往可以知来，今后两国人民的文化艺术将会进一步地交流，以发展人民与人民之间的深厚友谊。这是完全可以预期的。

(《社会科学战线》1979年第1期)

重庆沙坪坝出土之石棺画像研究

一 石棺画像及其伴出物

于重庆沙坪坝国立中央大学开辟农场，掘地得石棺二，并伴出陶俑人二、陶鸡一、铜镜二。一镜有文曰"元兴元年五月壬午"，边作连弧纹，内环四龙纹，今与石棺并存国立中央博物馆。一镜较小，无文字，今与陶俑并存国立中央大学史学系。出土之所，曾往踏察，在一小山坡侧，土坟骤然隆起，下临小溪，野花覆坡。闻当石棺出土时，四周陶俑器皿甚多，又有一陶马，俱为工人所毁。且墓似已被盗掘，故棺与盖皆另置，棺中人骨无存。棺系红砂石质，一棺外长2.33米、高0.73米、宽0.70米，内空长2.08米、宽0.49米、高0.50米，底厚0.13米；承盖有子口。一棺较小，外长2.22米、高与宽俱0.70米，内空长2米、宽0.53米、高0.70米。棺两侧俱刻饕餮兽面环，前后各有画像。较大的一棺，前额刻一人首蛇身像，一手捧日轮，中有金乌，后刻双阙。较小的一棺，前额刻一人首蛇身像，一手捧月轮；后刻两人一蟾，蟾两足人立，手方持杵而下捣；中立一人，手持枝状，疑为传说中之桂树或不死树；右侧一人，两手捧物而立。棺一较大，一较小，所刻亦象征一阳一阴，应为一男一女合葬地下。一棺后刻双阙，当系表明男性死者在封建社会中之官阶地位。伴出陶俑为红陶，无釉，俱不完，唯余两头一足，一较大，一较小，颇似一男一女，亦官俑。冢中人殆贵官也。其画像作风刻绘古拙，至迟当在两晋之前。镜文作"元兴元年五月壬午"，按以元兴纪年者有三：东

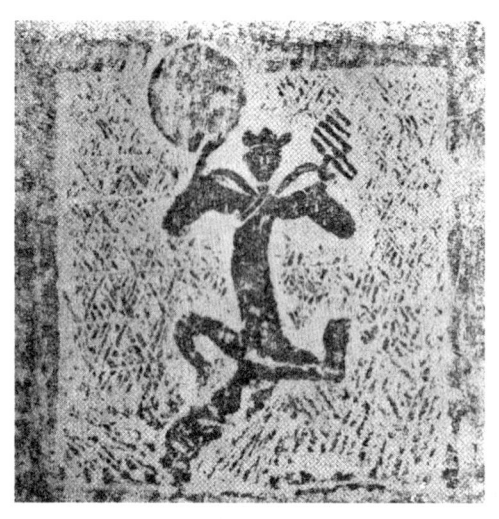

汉墓石棺画像伏羲

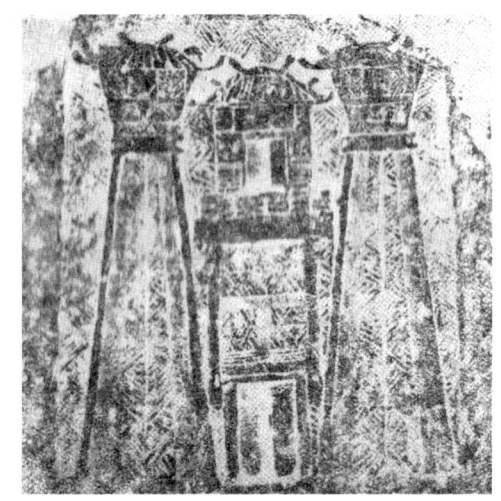

汉墓石棺画像双阙

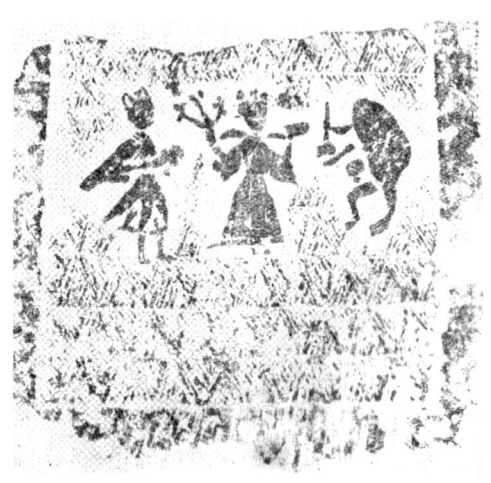

汉墓石棺画像灵蟾捣药

汉和帝，以乙巳四月改元元兴；吴归命侯孙皓，以甲申七月改元元兴；东晋安帝，曾以元兴纪年，是年壬寅三月，仍改隆元。是则吴与晋虽有元兴元年，俱无五月。此当为东汉和帝元兴元年（105年）。金静庵教授推断，亦同此说。据陈垣教授所著《闰朔表》，汉和帝元兴元年六月朔日为癸未，则五月壬午，当为晦日。今观此镜纹样，亦可认为汉制。唯别无碑碣文字，仅据造镜年月，仍不能推断葬时之年月也。

二　人首蛇身画像即伏羲、女娲

人首蛇身画像，汉石刻画像中常有之。其最著者有汉武梁祠石室画像。其第一石即画两人首蛇身像，两尾相结，铭曰"伏戏仓精，初造王业"。又后石五，左石四，俱有人首蛇身交尾像。左石四所刻，一人执规向右，一妇人执器向左，虽无铭文，然作一阳性一阴性者，均可知其为伏羲与女娲也。又金陵大学中国文化研究所近印南阳汉画，第14图、第53图至62图，均为人首蛇身像；第63图为两人首蛇身交尾像；第68图为两人首蛇身对立像，下一巨人承之；第3图为一人首蛇身捧月像。收集颇富。此外山东图书馆王献唐氏，亦集嘉祥滕县所出人首蛇身画像石多品。曲阜近出尤多（据王氏函告，拓本俱未见）。川中发现类此画像者，就所见尚有嘉陵江岸磐溪上无名汉阙画像，作两人首蛇身捧日月状，日中有踆乌，月中有蟾蜍，与渠县沈君阙相类。又新津宝子山画像石，亦作两人首蛇身交尾状。同地所发现者，尚有一画像汉砖，刻人首蛇身捧日轮状，冠三尖上出，与石棺画像相同（砖石为重庆江鹤笙君所得，墨本余俱有之）。武梁祠与南阳各像，及川中所发现者，风格皆异，而大体相同。沙坪坝石棺画像姿态尤为夭矫。又此类画像，我国新疆以及中央亚细亚古墓中，亦常发现。日人橘瑞超氏发掘新疆高昌古墓，曾获人首蛇身交尾画像，唯发掘情形未有报告，画藏旅顺博物馆中。其后英国派遣中央亚细亚探险队斯坦因氏，继续发掘高昌古墓，亦获此画。1928年所出版之《中央亚细亚》（*Innermost Asia*）中，曾刊印之。据斯氏所记，墓中椁壁之上常有绘画；在其奥壁悬有绢织品，上画人首蛇身像。又棺上每覆木棉与绢织布片，绢片所绘亦人首蛇身像也。绢画为彩色，两人蛇身，绸缪相结，左者左手执规，右者右手执铗。[①] 上有日轮，卫星环之。列宿星斗，绕其四周。

---

① 按《汉书》卷七四魏相《丙吉传》曰："东方之神太昊乘震执规司春，南方之神炎帝乘离执衡司夏，西方之神少昊乘兑执矩司秋，北方之神颛顼乘坎执权司冬，中央之神黄帝乘坤执绳司下土。"此执规者，即太昊伏羲也。执规执铗，盖至唐演变为执刀尺矣。

其后西北科学考察团黄文弼氏，亦获此类画像，得其函告，云亦类此，唯尚未见有报告。斯坦因氏发掘所得墓志，最早者为571年物，最近者为698年物。以西北高原，气候干燥，画虽绢质，而保存完好。墓室祠宇，绘此图像，此种风俗，中国古代殆颇普遍，约在唐以后始绝。

三 自古以来传说中之伏羲、女娲

伏羲、女娲传说，为中国古代神话之一，与彼希伯来古传说中亚当、夏娃东西相映，同具势力。有史记载，均谓伏羲、女娲人首蛇身，盖承古昔传说如此。《玄中记》云："伏羲龙身，女娲蛇躯。"《昭明文选》李善注曰："女娲亦三皇也。"郑康成依《运斗枢》注《尚书·中候》，以伏羲、女娲、神农为三皇。司马贞《史记补·三皇本纪》亦同此说。史谓女娲者伏羲之妹。晋皇甫谧《帝王世纪》曰："女娲氏亦风姓也；承庖牺制度，亦蛇身人首，一号女希。"《山海经》曰："女娲之肠化为神，处粟广之野。"郭璞注云："女娲古神女帝，人面蛇身，一日七十变，其肠化为此神。"《列子》曰："女娲氏蛇身人面，牛首虎鼻，此有非人之状，生而有大圣之德。"汉许慎《说文解字》曰："女娲，古之神圣女，化万物者也。"《淮南子·览冥训》曰:"往古之时,四极废,九州裂,天不兼覆,地不周载,火爁焱而不灭,水浩洋而不息,猛兽食颛民,鸷鸟攫老弱。于是女娲炼五色石以补苍天,断鳌足以立四极,杀黑龙以济冀州,积芦灰以止淫水。苍天补,四极正,淫水涸,冀州平,狡虫死,颛民生。"《风俗通》曰:"俗说天地开辟,未有人民。女娲抟黄土作人。剧务,力不暇供,乃引绳于泥中,举以为人。故富贵者,黄土人,贫贱者,引绠人也。"(《太平御览》卷七十八引)女娲造人之说,颇与巴比伦古传说相似。《旧约·创世记》所说,亦即源于巴比伦。关于伏羲传说,亦颇纷繁。自汉以来,其见于著述者,盖非后世杜撰,大略原始传说神话之记录。观其神力之大,对于人类功绩之多,则其在民俗中之地位势力,可以想见。传其灵异图像,绘于神圣殿堂、死者墟墓,有由然矣。

图画伏羲、女娲于祠庙,由来颇古,其始见于《楚辞·天问》。屈原观楚先王庙堂而作《天问》,观伏羲女娲图像曰:"登立为帝,孰道尚之。女娲有体,孰制匠之。"[①]王文考《鲁灵光殿赋》曰:"伏羲鳞身,女娲蛇躯。"唐张彦

---

① 王逸注曰:"言伏羲始画八卦,修行道德,万民登以为帝,谁开道而尊尚之也。传言女娲人头蛇身,一日七十化,其体如此,谁所制匠而图之乎!"

远《历代名画记》曰:"东汉明帝,雅好绘事,特开画室,别立画官,又创立鸿都学,以集奇艺,天下之艺云集,曾诏班固、贾逵等博洽之士,取材经史,命上方画工作图,而固等为之赞,成殿阁画赞五十卷。首起庖牺,末收杂画。"此皆古代图绘伏羲、女娲于祠殿者。今虽不可见,而文献尤足征。至石刻及绢画,颇多发现,若武梁祠及各古墓所获,今俱存在,可供参互比较。沙坪坝所出两棺,每棺各有人首蛇身像,亦其类也。

四 在苗瑶中传说之伏羲、女娲

稽考中国古史,苗瑶之民,亦中夏原住诸民族之一。古先传说谓伏羲、女娲而后,黄帝尝与蚩尤战而胜之。至舜,更窜三苗于三危。此说虽不必为信史,而古者苗民亦尝杂居中原,殆属可信。故于伏羲、女娲二灵,称为人类之祖。崇敬既深,传说亦富,固不仅为汉族之神话也。苗、瑶相传为槃瓠之裔,《后汉书·南蛮传》及干宝《搜神记》述之颇详。而槃瓠亦即盘古。《赤雅》载刘禹锡诗曰:"时节祀槃瓠。"谓苗人祀其祖也。《岭表纪蛮》引《昭平县志》曰:"瑶人祀盘古,三年一醮会。招族类,设醮场,行七献之礼,男女歌舞,称盛一时，数日而后散，三年所畜鸡犬，尽于此会。"《峒溪纤志》记苗俗曰："苗人祀伏羲、女娲。"伏羲一名，古无定书，或作伏戏、庖牺、宓羲、虙羲，同声俱可相假。伏羲与槃瓠为双声（此承胡小石师说）。伏羲、庖牺、盘古、槃瓠，声训可通，殆属一词，无间汉苗，俱自承为盘古之后。两者神话，盖亦同出于一源也。

蒙昧初民，常以神话解释宇宙万类传其远祖故事。若洪水传说，即常见于各民族传说。前于《旧约全书》希伯来人传说者，已有加尔台亚传说，存于倍洛索斯断篇伊兹巴尔史诗中。希腊亦有宙斯愤怒人类罪恶，而降洪水之传说，存于台萨利。又南美亚洛加尼亚之印第安人中，南洋斐济岛土人中亦有之。日本亦有八丈岛之多娜婆传说。中国洪水传说，见于旧籍所载及民俗传说者颇多。苗、瑶之民，近于原始社会，亦俱有此传说，且俱与伏羲、女娲相关。叙述洪水之后，人类始祖创造人类。型范朴质，垂世已久。又传世苗文《盘王书》，传唱苗民中，汉译其意，叙述古皇创造天地，肇生万类，颇类《旧约·创世记》。其中《葫芦晓歌》，述太古时代，洪水泛滥，上接天门，伏仪（亦即伏羲）躲身入一大葫芦中，逐水漂浮，获全躯命，于是为人始祖。歌谣大意，与所传说内容无异。

五　关于日月金乌灵蟾之传说及其他

原始人类解释宇宙自然现象，恒喜赋以生命。世界各民族关于日月之传说，大略有之。沙坪坝所出石棺，上刻人首蛇身画像，一捧日轮，中有金乌，一捧月轮，后刻灵蟾桂枝①。日中有乌其说始见于《楚辞》，《楚辞·天问》曰："羿焉彃日，乌焉解羽。"王逸注引《淮南子》言："尧时十日并出，草木焦枯。尧命羿仰射十日，中其九日。日中九乌皆死，堕其羽翼，故留其一日也。"《淮南子》又云："日中有踆乌，踆犹蹲也。"《春秋元命苞》云："阳成于三，故日中有三足乌，乌者，阳精。"又《山海经》曰："黑齿之北曰阳谷，居水中，有扶木，九日居下枝，一日居上枝，皆戴乌。"按扶木亦即扶桑，日居上枝下枝，视同鸟雀。先民朴美之思，可以想见。此皆关于日中金乌之传说也。月中有兔，较之月中有蟾，其说为早②，亦见于《楚辞》。《天问》云："夜光向德，死则又育，厥利维何，而顾兔在腹。"王逸注云："夜光

---

① 或以所持为不死树，存以备考。
② 月中有兔，印度亦有此古传说，见玄奘《大唐西域记》。

月也,言月中有兔,何所贪利,居月之腹,而顾望乎!"①至于灵蟾舂药、蟾宫折桂之说,则后世甚盛。以蟾兔并列月中,汉人已多言之。刘向《五经通义》曰:"月中有兔与蟾蜍何?月阴也,蟾蜍阳也,而与兔并生,阴击阳也。"《乾凿度》曰:月三日成魄,八日成光,蟾蜍体就穴鼻②始明。张衡《灵宪》曰:月者阴精之宗积而成兽,象蟾兔。《淮南子·精神训》曰:日中有踆乌,而月中有蟾蜍,日月失其行,薄蚀无光。《说林训》曰:月照天下,而蚀于蟾诸。《论衡·顺鼓篇》曰:月中之兽,兔、蟾蜍也。晋傅玄诗曰:蟾诸食明月。《古诗十九首》曰:三五明月满,四五蟾兔缺。此皆见于旧籍者。现存实物中,少室石阙画像中,有月轮蟾兔并列;汉瓦当中,有蟾兔纹样③。近金大所印《南阳汉画》,其第三图中有人首蛇身画像,手捧月轮,中有一蟾。第二图众星之中,有一月轮,中亦一蟾。第四图则月轮之中一蟾一兔,与瓦当相类,是皆汉人所遗。今存此实物,是汉时已有月中灵蟾之说矣。此风所被颇广。云南陆凉《爨龙颜碑》,亦刻日中踆乌,月中蟾蜍,则犹汉人之遗俗。今石棺所刻灵蟾,犹是四足;至

---

① 金大印《南阳汉画》第134图,有玉兔捣药,其中月轮,有蟾蜍之像。
② 穴,决也;决鼻,兔也。
③ 瓦当为刘铁云氏旧藏,今归日人中村不折氏。曩居东京曾见之。

三足之蟾，则更晚出耳。

沙坪坝所出石棺两侧，所刻饕餮兽面环为汉器所常见。石棺空白，无画像处，略刻席纹，亦与河南登封嵩山太室神道石阙相同。一棺后额所刻双阙，犹得略见汉代建筑之形式；今四川所存汉阙，尚可资为比较，两人首蛇身画像背皆有翼；武梁祠所刻神人，背亦有之。大抵画像出土之区越西者，越觉飞动。此石棺两像尤栩栩如生。欧洲古希腊沿袭西亚传说，如叩必德、安琪儿等，亦皆有翼。但彼则有翼益觉其可亲，此则有翼更呈其可畏。此亦中西艺术之异点也。

（承国立中央博物院裘善元先生惠赠石棺拓片，国立中央大学史学系金静庵先生惠赠陶俑照片，并此志谢。1939年2月28日写毕，4月28日改订。）

汉代经济政治文化思想对于汉画艺术的影响

"政治、法权、哲学、宗教、文学、艺术等的发展是以经济发展为基础的。但是,它们又都互相影响并影响到经济基础。"①这是恩格斯的一句名言。如果我们要了解汉画的艺术,首先就应该对于汉代的经济基础、社会发展加以了解,才能对汉画艺术的发展有基本的认识。我们追溯汉代以前,中国社会发展到商和西周时代是铜器时代的成熟期,曾创造出优美的青铜器文化;在古典艺术上,创造出全世界共同称赞的成就。到东周仍然继续着铜器时代,铁已发明,逐渐使用。在政治上经过了春秋、战国的长期分裂,扰攘不宁。到秦代才加以统一,并向外发展,建立了中央集权制,成为中国历史上一个

---

① 见《马克思恩格斯文选》(两卷集),第2卷第505页,《恩格斯致施塔尔肯堡的信》。

前所未有的封建大帝国。同时在生产发展上，秦时代也向前跃进一步。考古物质的发现与古典文献的证明，确实显示出秦时由铜器时代进入到铁器时代。铁的广泛应用，秦开其始，汉收其成。秦发展了强大的力量，汉代的经济、政治、文化的表现，更较迈进，铁是其推动的主力。铁器的应用，从战国开始。《孟子》曾言铁耕，《战国策》曾言铁幕、铁钻，《吕氏春秋》曾言铁杖，《韩非子》曾言铁室，《史记·信陵君传》曾言铁椎，可证战国时期曾用铁制作用具。由于近在辉县战国墓中发现大批铁制的农耕具，更可证实。到秦代，铁已成为劳动人民所普遍的必需。于是统治者见它可以作为剥削的手段，遂定为本阶级专利之物。《汉书·食货志》引董仲舒说："至秦则不然，用商鞅之法……田租口赋盐铁之利，二十倍于古。"盐铁在秦、汉的经济发展中，起了极大的作用。铁在汉代农具中所占的地位，由"铁器，农民之生死也"一语，可以想见。铁的大量应用，改善了劳动工具，把社会生产向前推进一步，因之促成了汉代的物资富庶，威力盛张。艺术为社会文化所表现的诸形态之一。汉画便是中国在铁的农耕具普遍使用的时期，由于生产力的增进，更刺激了工商业的发展，在汉代经济跃进中所完成的一种重要的艺术表现。

在政治上，秦完成了官僚体系封建制度的中央大集权，结束了七国的纷争，转而向外发展，开辟疆土甚广。《史记》所载当时的疆域，"东至海暨朝鲜，西至临洮、羌中，南至北向户，北据河为塞，并阴山至辽东"。但秦把这个基础奠定之后，前后不过15年，由于刑罚的残暴，徭役的严重，招致了以陈胜、吴广为首的农民大起义，于是楚人继之，推翻了这个政权。汉代承秦之后，订定了各种制度，大抵采取秦制，略加变通，加强了统治的方法，只是鉴于秦的失败，对人民采用了休养生息的基本政策。官僚、地主、大商人也沾了这政策的很大恩惠。因此在政治上的统治巩固了，社会的经济力也渐渐地发展，文化便在这生息长养中发扬壮大。汉画艺术，从统治阶级的爱好，成为一般社会的风尚，便是在这个政治基础上完成的。

汉代历史上所记录的是这样的情况：刘邦及其谋臣们定下了与民休息的政策。他以后的几个统治者，如他的儿子刘盈（惠帝），妻吕雉（吕后），儿子刘恒（文帝），孙子刘启（景帝），所谓高、惠、文、景四朝都继续采用这个政策。大概经过了70年的时间，收效很大。官僚、大地主、大商人都在这个时间培养起来，非常富庶快乐。统治者宫廷的仓库中，钱谷丰富，多到算不清吃不完的程度。但农民受以上统治阶级的剥削压迫，都很贫困。《汉书·食货志》说：秦时"贫民常衣牛马之衣,而食犬彘之食。重以贪暴之吏,刑戮妄加,民愁亡聊,亡逃山林……汉兴,循而未改",其后"功费愈甚,天下虚耗,人复相食"。富者愈富,贫者愈贫,在汉画的画面上,常常看见两个主奴阶级的面影。西汉的封建官僚制度,到东汉刘秀,不但一切仍旧,而且加强了官僚主义的封建体制。统治者的生活,终汉之世,大致相同。汉画中所表现的统治阶级奢侈享乐的情景,正是当日的实况。汉画艺术的写实性,是与历史的文献一致的。

西汉初期,经过了休养生息的一阶段。至刘启的儿子刘彻(武帝),因为有前四朝所留下的政治经济的基础,势力发展到极盛。他利用了过去积下的雄厚财力和无限的穷人生命,发动了大规模的对外长期战争,南灭百粤,北伐匈奴,东征朝鲜,西服大宛;并且远通安息,遥接罗马,贯通了中央亚细亚贸易的通道。他把北方的游牧民族奴隶主匈奴击败,扫清了河西广大地带,迫使匈奴奴隶主们向西方远窜,东方的文化因之也传向西方。因此遂与四周围少数民族的文化建立了交流,并产生很大的影响。表现在艺术上,便有新的创造,与过去不同。汉以前的艺术,着重于工艺美术的创造,雕刻(如殷墟的骨角、玉石、陶器、雕刻等)或铸造(如商周的彝器、先秦的镜鉴等)都取得很高的成就。但汉画所表现的,却摆脱了呆板的画案式的束缚，以流动的线条构成画面。虽然也吸收了上代的遗风，却增加了很多新的成分。特别是对新鲜事物的描写，为过去所未有。陕西霍去病墓前的马踏匈奴像，表现出强力的紧张，是西汉时远征胜利的具体表现。四川西部高颐墓前有翼石狮，形态雄健，可以看出它与巴比伦古艺术有相似的地方。此种雕刻，又下启了南朝齐、梁陵墓前翼兽雕刻的先路[①]。其他如孔雀、鸵鸟等石刻，这些动物都自西南方传来。天马、葡萄作为汉代文锦的图样，无疑也是西域传入中国的东西。六朝盛行的海兽葡萄镜，在汉代实已先有了这个图案的意匠。以前汉的张骞、后汉的班超为首的西域开发者，这些新奇的事物，应即由他们介绍而来。艺术题材上的新的刺激，绘画雕刻上的新作风，亦即在这个新的时代中应运产生。

这是经济的、政治的、社会跃进的诸因素和西域文化的新激动对于汉画艺术所给的影响。其次从这个社会经济基础上所反映的哲学、宗教、伦理观念等，也在汉画艺术上产生着作用。

在统治阶级中，汉初所流行的是黄老思想，所崇信的是道教和巫术，以及原始的神话传说，一种宿命论支配着他们的精

---

① 见朱希祖《六朝陵墓调查报告》。

神。在汉初，谶纬之学极盛；预言和卜筮的解释，是当时所谓学者和方士们的惯技。由阴阳五行相生相克之说，而生出了压胜、祈禳、巫蛊、祥瑞等，于是辟谷、炼丹、服食，想尽了种种方法求神仙、求长生；神仙不可见，长生不可得，则流于享乐颓废，任情极欲；在生时极尽肉体的快乐，到死后还希望继续这个快乐。汉诗说："生年不满百，常怀千岁忧。昼长苦夜短，何不秉烛游？为乐当及时，何能待来兹？愚者爱惜费，但为后世嗤。仙人王子乔，难可与等期。"又说："浩浩阴阳移，年命如朝露。人生忽如寄，寿无金石固。万岁更相送，贤圣莫能度。服食求神仙，多为药所误。不如饮美酒，被服纨与素。"汉宫遗存的有"长生无极""永受嘉福""千秋万岁""长乐未央"等瓦当。这些都是这种生活思想的表现。当时的富贵阶级，求无不得，单独求不到神仙，得不到长生，终须死亡。在生时则图画神仙于明堂、灵台，在死后则雕刻神仙于享堂、墓室。在生时则极尽声色耳目之娱，在死后的墓室中仍然刻画着宾客宴饮、伎乐百戏等，以继续生人之乐。在汉画中，这种题材是常常见到的。这即是汉代统治阶级们生活思想的写照。他们那种享乐颓废的人生哲学，表现在文学和艺术上都是与此一致的。

汉代统治者所崇信的是道教、巫术和原始的神话传说，因此表现在图画中的神仙有天地泰一诸鬼神。《汉书·郊祀志》说：刘彻（武帝）"又作甘泉宫，中为台室，画天地泰一诸鬼神，而置祭具，以致天神"。泰一便是道教最大的神，"泰一"亦即"道"的别名，曾见于老子书中。这神又名"皇天上帝泰一"，亦即《楚辞·九歌》中的巫神"东皇太一"，为原始的三皇传说所演化①。

原始神话的伏羲、女娲，在汉画中颇为普遍；手擎日月，人首龙身。在山东的武梁祠，河南南阳的汉墓，四川成都、重庆等地的汉墓，往往有之②。在辽东辑安通沟的高句丽古墓中，有彩画的伏羲、女娲蛇身交尾像③；在新疆的古墓中，斯坦因、大谷光瑞、黄文弼等都曾发掘到绢画伏羲、女娲人首蛇身交尾像。大概自汉前至唐，中国广大地区的人民均有此种崇信。在古代相信伏羲、女娲为人类的始祖神④，亦即人类死后的保护神，因此都雕刻在棺前或墓室、享堂的前方，以保护死者，使他可以安享地下的快乐。古代的殿堂中也图画伏羲、女娲。如《楚辞·天问》王逸序说：屈原"见楚有先王之庙，及

---

① 详见顾颉刚、杨向奎著《三皇考》。
② 详见本书《重庆沙坪坝出土之石棺画像研究》。
③ 详见《通沟》下册。
④ 闻一多曾有讨论，见《闻一多全集》第一册。

公卿祠堂，图画天地、山川、神灵，琦玮僪佹，及古贤圣怪物行事"。《天问》中便说到女娲。王延寿《鲁灵光殿赋》说："上纪开辟，遂古之初，五龙比翼，人皇九头。伏羲鳞身，女娲蛇躯。鸿荒朴略，厥状睢盱。"壁画已早毁，今不可见，大概与现在的武梁祠汉画相似。

在保护死者的神物中，尚有四灵和饕餮，也是汉画中常有的。四灵为苍龙、白虎、朱雀、玄武。据说它们有神力，可以守四方，辟不祥。在汉镜上也常有此物。以青黄赤白黑五色配五行分五方，为汉代人的玄学思想之一。汉石刻中又常见饕餮，亦起于原始的传说。这图案曾见于先秦的古铜器上，到汉代风俗中，取以压胜辟邪[①]。因其为保护死者的神物，所以多雕刻在石阙门上或棺侧。山东、南阳、四川各汉墓中，多有此种画像石刻。汉铜器的环纽和门环，也常用此种图案。这种保护亡魂的意义，可说是汉代巫术的一种。汉墓中尚有彩画的陶壶，上有书写文字的，所书即巫师道士驱逐邪祟、保护亡魂的词句，其巫术与此有相同的关系。

汉画中的神仙，西王母是常见的。在传说中，西王母就是能致长生的仙人之一。瑶池、琼岛是她所居的地方，"上有

---

① 详见常任侠著《民俗艺术考古论集·饕餮钟葵神荼郁垒石敢当小考》。

仙人不知老，渴饮玉泉饥食枣"是汉镜上常见的铭文。蟠桃神话也与她有关。较早的传说西王母原为西戎。《尔雅》注说她在昏荒之国，《淮南子》说她在流沙之滨。在《穆天子传》中说："周穆王好神仙，觞西王母于瑶池之上。"她的形状原是一个蓬发虎颜、其状如人的怪物，仿佛埃及的斯芬克斯（Sphinx）一样。但在晋人干宝《搜神记》所述的汉、魏传说中，已记着"羿请无死之药于西王母，嫦娥窃之以奔月"的故事；并记有汉哀"建平四年夏，京师郡国民……歌舞祠西王母。又传书曰：母告百姓，佩此书者不死"。西王母有使人不死的神通，此种迷信已普及于汉代的民间。月中的灵蟾玉兔捣不死之药的传说，也常与西王母相并刻绘在一起。汉人怕她寂寞，又配之以东王公，常见于汉石刻中，并常见于汉镜中，朝鲜乐浪发掘的汉永平十二年（69年）漆盘，有彩绘的西王母像，是一件很著名的古艺术品①。冯云鹓《金石索》说：武梁祠后石室画像第二石"画云物神仙之状，上作二神一男一女，疑东王公、西王母也。汉人镜铭中每乐道之。《神异经》云：西王母岁登希有鸟翼上，会东王公也。一侍者手执一物而三珠，疑即三珠树。《山海经》云：三珠树叶皆为珠也"。西王

---

① 见原田淑人编《乐浪》。

母的传说，后世愈加美化，为中国的原始神话之一，也是汉画中常见的题材之一。

汉画中的神异，尚有雷公、雨师、风伯、北斗、织女、虹霓等，为农业社会中把自然的现象拟人化与拟物化，且赋之以生命，视为神灵，与道教占风祈雨的法术联结一起。此外《山海经》中的贯胸羽民等故事，也在汉画中出现，都可视为神异的一类。这些故事有的是从原始社会中遗留的，有的是从辽远的异族中传入的，图腾的崇拜与自然的崇拜合而为一。社会生产越进步，宗教的内涵也随着越复杂；在汉画艺术中，于是有复杂多样的表现。

在汉代，儒家的伦理观念特别被统治阶级看重，作为麻醉群众、缓和阶级冲突的工具，虽然其骨子里还是道家的思想。魏晋人所谓"礼法岂为我辈而设"，正是上层中露骨的表白。汉代统治者提倡的是"孝悌力田"，又自谓"以孝治天下"。行孝的故事，如曾参母、闵子骞、老莱子、丁兰、韩伯瑜、邢渠、董永、朱明等画，皆见于武梁祠石刻中。又提倡节义，如梁节妇、齐义母、京师节女、无盐丑女、梁高行、秋胡妻、鲁义姑、楚贞姜、李善等一系列的贞节故事，曹沫劫齐桓、专诸刺王僚、荆轲刺秦王、要离刺庆忌、豫让刺赵襄、聂政刺韩王、蔺相如完璧、范雎和须贾、颜淑握火、信陵君和侯嬴、王陵母、义士范赎、柳下惠、程婴和杵臼、景公二桃杀三士等一系列的侠义故事，都构成了汉画的内容；仿佛连环图画，见于武梁祠石刻中。武梁祠中图画贤圣行事的，有《孔子问礼于老子图》。推尊儒家与推尊道家，汉人无所轩轾。但汉初所倡的"无为而治"，实际还是道家思想。

行孝的大端，是养生葬死，生极其欲，死更厚葬。汉代的统治阶级无不营造贵价的墓室，巧工雕琢，工程细致；其用石材雕成的，便是今存的画像石。墓中棺椁，用的必须是贵价的木材。《潜夫论·浮侈篇》说："京师贵戚，必欲江南檽梓，豫章梗柟，边远下士，亦竞相仿效。……工匠雕治，积累日月，计一棺之成功，将千万夫。既其终用，重且万斤。非大众不能举，非大车不能挽，东至乐浪，西至敦煌，万里之中，相竞用之。此之费功伤农，可为痛心。"厚葬的情形是如此。而且当时贵官的祠堂碑碣，殉葬物品，车马帷帐，建筑坟墓，招待宾客，一应费用，均由门下故吏们一班较小的官吏和朋友们供应；按照官级负担长官葬费，自然这些费用都将转嫁到死无葬身之地的穷人身上。汉墓的汉画，无论所费人力物力，可以说都是劳苦群众贡献的。

汉画艺术的成就，它的经济的、政治的基础，如上所述。当时的社会发展到这一阶段，才能产生出这样物质文化的遗品。它深受着当时的哲学、宗教、伦理观念等影响，以及殊方异物的刺激，才能创造出异乎前代的风格。汉画艺术，正是铁器时代发达时期中，劳动人民的精力所表现的成果。

（《光明日报·学术》1950年11月5日）

甘肃省麦积山石窟艺术

麦积山在甘肃省天水县东南90华里。若由宝鸡去天水，在北道埠下车，直接前往，只有50华里。经过马跑泉、甘泉寺两个小镇，沿着溪谷前进，进入峡门，山路蜿蜒，越升越高，这是一条古代陇蜀交通的道路，通过秦岭高原便到四川。麦积山就矗立在这个一望无际的林区边缘上。远远望去，它像农人丰收后的一堆积麦一样，在万绿森茂的林海边展现出土红的色泽。山谷中有稀疏的农舍和一群一群的牛羊，显得幽深、清静。

麦积山石窟艺术的发现，是最近的事情，但它的历史是悠长的。西汉末年的隗嚣，曾把麦积山作为避暑宫。东晋时，北魏鲜卑族统治了这一区域，崇信佛教，从4世纪以来，开始了营窟造像。其后经历西魏、北周、隋、唐、五代。经过一次地震，营造虽曾一度间歇，但从造像的色彩上观察，历代都有装修,一直到宋代、明代、清代,都未曾间断。由于它隐藏在深僻的林区,不像敦煌、龙门、云冈为世人熟知。近百年来,很少遭到帝国主义者的足迹踏践,因此也避免了盗窃,保存了宝藏。

麦积山约高400尺,石窟多在300尺以下,危崖削壁,非常险峻。据记载:古来开凿石窟,从下堆积木材,达到高处,然后施工,营造一层,木材拆除一层,直到山脚。从下上升,架设栈道,曲折通达,高十二层,称为"十二龛架"。这里古来的栈道,东部与西部本相接连,可以东上西下,后因地震,中部的石崖下崩,栈道断绝,才分为东西两部,成为现在的情形。西部的栈道和东部上七佛阁下面的栈道,也因年久损毁,许多龛洞,不能通达。今年(1953年)中央文化部特命修复,当地木工架空梯险,洞窟都已可以进入,我们得以窥见数百年来无人能见的秘密。

全山的龛洞,编为190多号,内有佛像,约近千数。盈尺以内的小像,尚不计算在内。因为本山的石质松碎,属于水成子母岩一类,不宜精细雕凿,所以多用泥塑。艺术的特色,如果说敦煌是丰富的壁画,云冈、龙门是壮丽的石刻,那么这里便是精美的塑像了。塑像保有从北魏以来的原作。西魏、北周、隋、唐以至宋代,都遗留下高度艺术的塑造精品。从神态、肌肉、衣服、风格、比例、姿势种种方面去观察,处理得多能恰到好处,使人欢喜赞叹,体会出古代劳动人民所达到的高度艺术水准。

东部造像,最壮丽的是上七佛阁。内有七龛,各有佛像多尊,每像都有不同的神态,庄严而可亲爱,华美而不庸俗。这可能是取当时最壮美的生人为范,它虽是宗教的偶像,却显示出人间的血肉气息,与人间社会有了联系。各龛间都装饰着天龙八部的浮塑,面容也各具精彩,狞怪而非丑恶。从表面上,从肌肉上,显示出雄健与威力。与上七佛阁紧接的牛儿堂,在天王足下一只卧着的神牛,是当地农人所最爱的,称为"金蹄银角的牛娃"。过去农民祈求丰收,便来这里礼拜抚摩。牛在过去的社会里,是生产上最有力的帮手,因此它是农人可爱的伙伴。在这个雕塑上,牛儿正表现出温驯可爱的形象。

在七佛阁顶的上端,旧称散花楼,有壁画一列,画天女散花,每四个飞天为一组,衣带飘舞,花雨缤纷;并且持有各种乐器,可以考见北朝当时的音乐。从飞天的作风上,看出婉丽匀称的技巧,大概是西魏、隋、唐之间的作品,尚未经过修改。麦积山石窟艺术中,雕刻、塑造、绘画的各种飞天,数量颇多,姿态富于变化,常能给人以轻快优秀的感觉。在散花楼上的飞天,更是此中最好的典范。这里还应该述及的,是在藻井上的壁画，虽多已崩坍，但残存的部分也还是最可珍贵的遗品。

在西部的石窟中，以第133号和第127号两窟为最大。

第133号旧称万佛堂洞，内有雕刻的石碑18块，又称为碑洞，有几块雕刻贤劫千佛，碑面密列着小佛像，因此称为万佛堂。其中第10号碑、第11号碑和第16号碑，是这18块碑中的精华。第10号碑雕刻佛传故事，把释迦牟尼的生平择要地用画面表现出来。从燃灯受记，乘象入胎，树下诞生到九龙灌顶，剃度，降魔，说法和涅槃，共刻成8个画面，成为一套连续性的故事画。因为故事不同，处理的手法也不同，所占的面积也不同。画面匀称和谐，轻重疏密，毫不刻板呆滞。在乘象入胎这一画面上，象作奔跑的姿势，扬起长鼻，张开四足，表现出奔驰的迅速；而且象背座上飘起两条带子，不仅为了装饰上的美，也为了增加飞奔的动力。从这一匹象上，就可以看出我们1500年前的艺术家的巧妙技法，如何把静止的画面变成为活的、生动的景象。在佛涅槃的画面上，佛卧着，弟子在其背后围绕着，个个表现出不同的情绪，有的悲怆，有的惊惋，有的祈祷，有的留恋。从这样的构图表现上，使人忽然想到，比这迟了1000多年的达·芬奇的那张名作《最后的晚餐》，深刻地表现出复杂交织的情绪，真有异曲同工之妙。在第11号碑上部，中座佛像，衣褶柔和，两侧有2组4个飞天，持花供养，身与膝部曲折相应，构成最美的线条。第16号碑又是一个杰作。在碑的中央部分，是一个流苏下垂的帐幔，帐幔中坐着三尊优美的菩萨，正面与侧面相对参论。中间的菩萨头部虽损，从整体看仍能推想出它的美妙。特别是帐幔与衣服表现出的柔感，使粗硬的石质仿佛真的变成了纤维织造的东西。衣服的下幅，圆圆地隐蔽了足部，如下垂的花蕊一样。装饰性与写实性，同时都达到极高的艺术水准。

第133号石窟主要是雕刻，藻井上虽然也有残存的壁画，但不及第127号石窟所保存的壁画丰富。第127号石窟壁画中的入城和狩猎两幅，可以称为伟大的作品，《狩猎图》的笔势，尤其奔放，是西魏时的特殊风格。另一幅《舍身饲饿虎图》，群虎的动态形象各异，可以看出当时的艺术劳动者如何研究物象，发挥生动写实的技巧。在前壁左侧的壁画，有一幅甲士红马，色彩与笔姿都很奇异，这在北朝壁画中颇为少见。第127号石窟后龛的一尊石雕佛像，也是应该特别说到的。这佛像的背光，有12伎乐飞天，每一飞天抱持一种乐器，体态婉妙，姿媚飞动，绕成一个圆形。中间佛像，举掌端坐，显出说法时的慈祥和悦。这一座雕像，在麦积山中甚至说在所有的中国佛教艺术中，都是稀有的作品。

此外在西部洞窟中，尚有魏造后经隋修的小洞。如第162号窟内壁画持花供养人，上有墨笔题记，少妇名洪晖，幼女名小咳，衣袂飘飘，绿色如新，可以说是现存的一幅隋代名画。第165号洞正壁左侧供养人头像，高髻云鬓，丰容秀目，在宋塑中也是最可珍贵的作品。其他优秀的塑像，多不胜举，这里不能一一谈到。这些古代的艺术劳动者，吸取了印度佛教传来的艺术技法，同我国的民族风格相融合，创造出精美的艺术品，使麦积山成为人民的一处文化宝库。塑像固然是他处难以媲美的，便是雕刻、壁画，也有其特殊可贵的价值。并且在好多处洞窟内有古代人的墨迹，最早的如大代景明二年（501年）的墨书长篇愿文和隋、唐以前的供养人墨书题记，这在别处也是非常稀见的。此外如研究建筑、音乐、风俗、服饰，麦积山石窟艺术都能提供最宝贵的材料，这里不再述及了。

（《新观察》1953年第23期）

唐永泰公主墓的两幅壁画

唐代的壁画，主要是两类。一类是寺庙的壁画。如敦煌千佛洞所存唐代壁画，即是为佛教信徒制作的这类壁画。今天，由于唐代古建筑大都毁坏，许多宝贵的壁画也随之丧失。寺庙壁画在张彦远《历代名画记》、段成式《寺塔记》等书中，还留下了记录。另一类是唐墓壁画，近年来发现很多。如1954年在陕西咸阳底张湾工地所发现的唐代景云元年（710年）万泉县主薛氏墓壁画，即颇丰富，内有《男女侍从图》10余幅。又1953年在山西太原市西南30里董茹村工地发现的大周万岁登封元年（695年）赵澄墓壁画，有《树下老人图》。此外，新疆除过去发现的阿斯塔那唐墓壁画外，近年在水利建设时，又在吐鲁番发现唐墓壁画，有《壁鹰图》《双陆图》等并列的6幅。又1973年清理发掘的唐淮安王李寿墓中，也存在着出行、狩猎、牛耕、舞乐等彩画。但最重要的还是在西安先后发掘的唐章怀太子李贤墓、唐懿德太子李重润墓和唐永泰公主李仙蕙墓中的壁画。这几座墓的壁画，丰富多彩；在艺术制作上，由于它是当时封建皇族的经营建造，出于高级艺术劳动者之手，可以代表初盛唐的壁画艺术水平；尤其对于唐代社会文化和中国古典美术的研究，是新的贵重资料，值得特别重视。

李贤、李重润的历史资料和壁画艺术水平，已有专刊介绍，这里从略。永泰公主的历史资料和壁画艺术，也已印有专册，这里只就其中的两幅壁画，略述梗概。

永泰公主墓是皇室敕建的，在选材选工等方面自然要求严格。因此在绘画的技巧上，例如构图布局、造型写实，以及使用线条、敷彩设色等，都较前代的成就有相当大的发展。

试举永泰公主墓中的两组宫女壁画为例。这两组画，左边一组7人，右边一组9人。每人都有各自的表情和动态。画家对她们安排了正面的、侧面的、半侧面的，还有背面的，位置错落有致，毫不呆板，而且打破了习见的对称格式。从其神态、服饰等方面看，这两组宫女中为首的宫女，身份似较其他宫女为高。这是画家有意安排的。画家对于宫廷的生活，必然有过一定的观察认识，才能描绘得如此栩栩如生。这为首的宫女，都是高髻丰容，肩披帔帛，身着襦衫和红裙，双臂交叉胸前，手臂盘绕着巾带，手中不持服御的用物。紧随其后的宫女，头

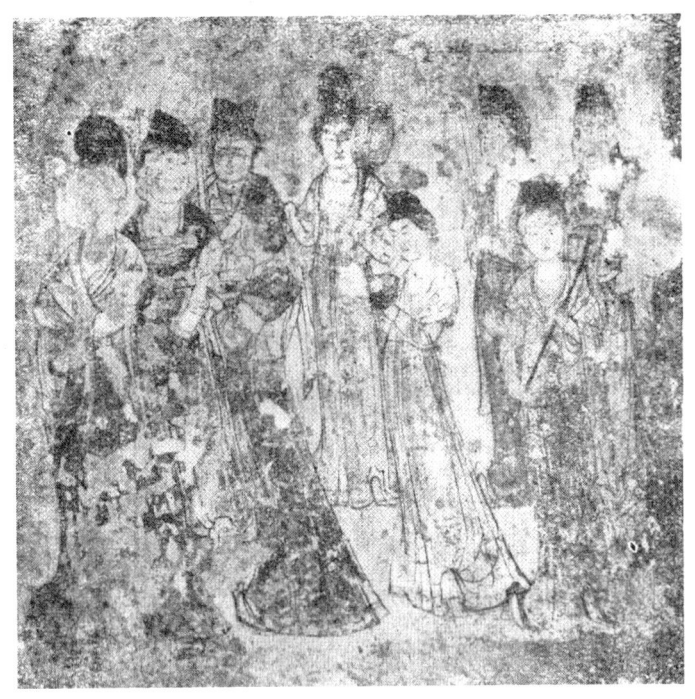

唐永泰公主墓右壁壁画

梳双鬟望仙髻，手捧明烛。这表明是在夏秋之夜，因为这些宫女一律都是单衣露颈，有人还似乎半袒胸部。这两组宫女中，有两人还持着红色的团扇，这也表明了时令和准备华灯侍宴的场景。右边一组中，有一个手持拂尘的宫女，首梳螺髻，面目秀润，仿佛在凝神遐想，完全是正面向人。在她身后的是一个手持如意的宫女，也是长裙高履。前面另一宫女，手捧高脚琉璃盏；盏体透明，可以看见所盛的酒浆，似在动荡。她姿态婉媚，螺髻蛾眉，容光绰约；身着淡绿色窄袖襦衫，长裙曳地；裙边飘着"同心结缕带"。这在唐画中正是一个标准美人，在张萱、周昉的画中也曾仿佛看到这样秀丽的形象。

在擎杯宫女之前，画着一个背面的宫女。她身着绛色的披巾和长裙，双手托着方盘，披巾下露着红色的窄袖，面微仰而腰微前，袅娜生姿，从背影上也可以看出娟美的姿态。她仿佛与人对语。对面是一个嫣然微笑的宫女，一手捧碗，一手绕着披巾，露着白色的窄袖，和那背面而立的宫女，正是神情相应。这组画的9个女子，每个人的表情都不同，但又互相联系，经营位置布置得恰好成一个整体，不能不令人叹服画工之妙。

另外一组的7个宫女，也同样组织得错落有致，成为一个整体，像七仙女向前移动，有如梦境般迷离，在寝宫幽穴中残留着模糊的影子。画家创造的境界,描绘的形象,是从真实的生活中摄取而来的,所以能使人有"呼之欲出"或"身若出壁"的感觉。唐代壁画的工师们,在刻画人物形象的艺术手法上,已能准确地、生动地表现出不同人物的心理状态和精神面貌。在这两组宫女中,画师们通过人物的正、侧、背、转的不同姿态,表现出有的凝思遐想,有的低语回顾,然而大多数的情态是冷漠的。在封建的体制下,这些青年宫女们的精神状态本来就是如此。在技巧上反映出比前代更为写实的风格,比例也匀称。正如鲁迅先生所说,唐代线画有"空实明快""流动如生"的特点。试同汉代壁画做一比较,可以清楚地看出唐画的进步方面:人物形象刻画的生动逼真,情节描绘的深入细致,线条运用的纯熟,色彩渲染的明丽多样等,都达到了新的水平。它既标志着古代传统的基本技法的继承和发展,也反映了唐代画工、画师们的智慧和才能。

关于唐代社会的风习,从这两组人物服饰上,也可略作探讨。唐代的王室,正如鲁迅先生所说,颇有胡气;陈寅恪先生也曾说唐李氏出于胡族。总之唐代封建王朝,与西域各民族的关系极其密切。唐代社会沾染胡风,这是熟知的事实。唐诗人曾说,女爱胡风学胡装。在壁画宫女的装束上,也可看到所受西域的影响。这些妙龄宫女,穿的是短窄袖或长窄袖襦衫,肩上加披肩，长裙曳地，足露裙外，足穿高头履。另一种仿佛像男子的服装，翻领窄袖，腰束带，足穿尖头靴，长襦卜露窄裤腿。时兴穿裤的制度始于赵武灵王胡服习骑射。裤又名袴，袴的名称，即由跨马而来。这种胡服，久已传入山西一带，不算新奇了。至于"披巾"是唐代流行的女子装饰，分两种，一种是帔帛，一种是帔子。帔帛始于秦，帔子始于晋。在中国西部古已有之，那其实是染了西域的风习，到唐代则变成了一种时兴的装束。如《事物纪原》卷三记载："唐制士庶女子，在室搭帔帛，出适披帔子，以别出处之义。"这壁画中的侍女，有的着履，有的着靴。《旧唐书·舆服志》里也有记载："武德来，妇人著履，规制亦重。又有线靴。开元来妇人例著线鞋，取轻妙便于事。侍儿乃著履。"这里有着靴的。七人组的最后两人，束带、着袴、穿鞋，这可能也是染受胡风的缘故。宋沈括《梦溪笔谈》卷一说："中国衣冠，自北齐以来，乃全用胡服，窄袖绯绿，短衣，长靿靴，有蹀躞带，皆胡服也。窄袖利于驰射，短衣长靿，皆便于涉草。胡人乐茂草，常寝其间……"壁画中束带、着袴、穿鞋的两个宫人的服装，正是沈括所说的胡服。《新唐书·车服志》也说："开元中，女子衣胡服。"白居易《上阳白发人》诗中说："小头鞋履窄衣裳，青黛点眉眉细长。外人不见见应笑，天宝末年时世妆。"这里所描画的也正是沾染胡风的形象。永泰公主墓出土的陶女侍俑和唐韦顼石椁上线刻的女侍，都着有这种小头鞋履，与壁画所见者同。足见当时很流行这种鞋履。近时学者根据《史记·货殖列传》有"蹑利屣"语，谓小头鞋古已有之，"不能说是全用胡服"。但不知赵女郑姬之利屣，是否与唐宫之小头鞋履相同。至谓"唐人衣冠，盖吸收有各种当时认为美好的传统形式"，这无疑是对的。吸收胡风与吸收传统，都是应有的因素。这个说法虽与白居易、沈括的不同，却是较全面而可取的。

七人组壁画中最后一人束带，带上有圆形附件，应即蹀躞带。在永泰墓伴出的陶女俑腰际，亦束此种带，应是相同之物。唐韦顼石椁线刻女侍的腰际，亦有此种带，并附圆形附件。这便是胡服中的蹀躞带。关于此，沈括《梦溪笔谈》卷一中亦有说："带衣所垂蹀躞，盖欲佩带弓、剑、帉帨、算囊、刀砺之类。自后虽去蹀躞，而犹存其环。环所以衔蹀躞，如马之鞦根，即今之带铐也。天子必以十三环为节。唐武德、贞观时犹尔，开元之后，虽仍旧俗，而稍褒博矣。然带钩尚穿带本为孔……"又《旧唐书·舆服志》说："隋代帝主贵臣，多……九环带。……天子朝亦如之，惟带加十三环，以为差异，盖取于便事。"（据《胡注梦溪笔谈校注》引）据武伯纶先生说：唐永泰公主墓曾出土镏金铜扣，又唐乾陵石刻外国首领立像腰带下垂有与此壁画服饰形式略同的囊，就是附在带上的铜扣和鞶囊。关于此，日本原田淑人教授在其《中国唐代的服饰》中，亦曾论及。他说："向来男子佩用革带，銙就是带具……"《唐书·李靖传》说："靖破萧铣时，所赐于阗玉带十三銙，七方六刓，銙各附镮，以金固之，所以佩物者，据此可知镮带为佩物之具。"此种服饰用品，也曾传至日本和朝鲜，都有古代的遗物留传。虽则一带之微，也可见从西域中亚流行中国，东到日本，都有历史的证物；则人民间的文化交流关系，因而有了线索可循了。

在初盛唐的壁画中，女子的体格多是健壮的，这是当时的审美观念如此。故宫博物院所藏阎立本绘《步辇图》中，封建主李世民坐在宫女所抬的步辇中，自非健壮女性不可。唐女子习于西北的胡俗，多能骑马，仕女游春与男子同样骑乘。因此唐女俑中，也多有骑马女俑，与不出闺阃、弱不禁风者，大不相同。"平明骑马入金门"，在宫廷中也就成为平常的习惯了。

回溯中国壁画的发展，从汉唐这一时期看，汉代的墓室壁画用笔简练遒劲，用颜色常以原色对比，表现出人物的强烈性格、动作以及面貌的特征，在形象的刻画上还带有原始的味道。例如在望都汉代壁画中，既表现了文质彬彬的"门下小吏"，又表现了好勇斗狠的"辟车伍佰"这两类人物。他们都是为封建主服务的，只是由于所负的任务不同，在动作和造型上也就不同，在运用线条上产生的效果也不同。又如在和林格尔的汉代《乐舞百戏图》中，表现了长袖舞、击建鼓、倒立、弄丸、五案诸技，运用朱墨两色，人物仿佛迅急地转动，使人有震眩的感觉。画中的"狩猎"和"出行"场面，通过马的奔腾、飞跃，鹿兔的疾驰、惊窜，又使人有紧张的感觉。汉画是用比较大胆而夸张的手法以增强效果；在处理复杂的场面时，已具有远近、空间感，使内容丰富而不紊乱。它建立了中国古代绘画的鸟瞰透视法，并遗传给后世。从西汉到东汉晚期，绘画的写实能力逐渐增强。但它所具有的古拙质朴、强烈而生动的特点，并不因写实能力的提高而失去。这些从实践得来的技法经验，都是中国古代人所自创的。

经过南北朝时期的中国各民族大融合、大团结，绘画吸收了不同的优良艺术文化；到隋唐的大统一，壁画艺术也发展得饱满成熟，出现了空前兴盛的时期。在初盛唐诸墓中，呈现了辉煌明快的艺术成就。它吸收了不少新事物和新技巧，表现得生动活泼，用笔逐渐趋于工整。本着批判继承、古为今用的精神，这一切对我们建设社会主义新文化还是值得借鉴的。

（香港《大公报》《文汇报》1978年4月20日）

浅谈根的艺术

根的艺术,是用竹木的根创制的艺术。自然创造了种种美妙的形象,但是需要有艺术素养的人去发现,去略施加工,然后才能成为一件有特色的艺术品。这种艺术品是独一无二的,自然创造的,不一般的,因此它有特殊的价值。

根的艺术在中国,是一种古老的艺术,又是一种新的艺术,它是实用的,又是纯艺术的。在中国,它有悠久的历史。

据马驷骥同志的了解,在原始社会中,我们的祖先曾用树根作为装饰,与日本古代叫作"根付"的相似。民俗端午节小儿佩戴苍术根,也是原始的遗风,这种对于根的艺术认识,可以说已具开端。这是可知的作为实用艺术之始,已经在原始社会萌芽。在《齐书》中,曾有齐高祖以竹根制为"如意",赠予隐士僧绍的记载。《唐书》中有李泌以天然树根,制为龙形抓背,奉献宫廷,四方效之。可见采用树根,制作"如意",

已很普遍了。如今故宫博物院所藏"如意"颇多,质料与形式也有多样,大概以树根制作,起源较早了。"如意"又称竹夫人,推想应从竹根得名。又《太平广记》有"荆根枕"条,记张弦以荆金树根作狮子枕,献于华岳庙,深受群众的珍视,可见宋代也很流行。

至于另一种家具常用树根制作的是椅子和花盆的基座之类。椅子起于北朝胡床的演变。胡床后来也称交椅,交脚如老树的盘根,这在明代盛行。明代的谢在杭在其《五杂俎》"物部"中说:"吴中以枯木根作禅椅,盖本于此。"又在《长物志》中说:"以天台藤为之,或得古树根,如虬龙结曲臃肿,槎牙四出,可挂瓢笠及数珠瓶钵等器,更须莹滑如玉,不露斧介者为佳。近见以五色芝粘其上者,颇为添足。"可见顺乎自然的生成状态,略加打磨,使之莹润,便已完成,如若添加装点,便是破坏了自然,更不需要了。

这里说的都是比较大的东西,较小的东西出于明清时代,马驷骥同志也有论述。这里不赘。用竹木根制作成随身带的小品,这爱好日本也有。1935年我在日本东京帝大读书时,常游日本银座夜市,收集一些江户时代的小小玩具、小艺术品,我收集到一些叫"根付"的,有种种艺术形象,也有种种材料,不单是用竹木根制成,但叫作"根付",应该与根有关。我的收集品在战争中不幸失去，仅随身带有一两件尚存，连收集到的一些图像也失去了。

1949年来北京后，我得到一册俄文的谈论根的艺术的书，其中有丰富的插图，有的充满着浪漫的幻想色彩，只有借助于作者的标题，才能体会出它所赋予的形象。马驷骥同志曾取看此书，大概他所制作的根的作品，取材自然，不假雕琢，这正是新时代的艺术思潮，与之有相同的趣味。在苏联东方博物馆中，曾收藏着一些中国树根作品，可见他们对我国这类艺术也是同样爱好的。

马驷骥的作品，在他的展览中，我特别欣赏以树根创作的"飞天"。飞天本是古代人在幻想中产生，把人间的美丽少女，幻化成空中的仙女，风鬟雾鬓，霞帔云裳，翩若惊鸿，婉若游龙，在太空中无拘地飞翔，飘带在和风中流转，做出各种姿态；天从人愿，在树根中也竟会产生这种理想的仙姿。但是如果不遇识者，它仍然埋藏尘垢之中，与土壤同化。说是天生的，毋宁说是人的灵感，是人对美的认识创见的、保存的。这个树根飞天，曾在报纸刊物发表，得到社会喜爱，也引起了广众的爱美趣味。如今采集创作根的艺术者，各地已经有不少人，这是一种美育，它的展开对我们提倡的心灵美是有好处的。

我们在海滩上,可以选择各样的石子,或取其形状,或取其颜色,比拟以各种名称,对它的欣赏是与根的艺术相类的。根的艺术是生根在泥土里的艺术。海能洗磨出各样石子,大自然能创造出各种美的形象,但你必须有审美的眼,方能认识它的美,美的事物也会向你迎来。从自然的形态中,能看出各种可爱的形象,拟鸟、拟兽,或拟虫鱼、拟人物,都必须具有天真的心灵。古代的哲人说:"大人者,不失其赤子之心者也。"以赤子之心来看各种东西,都像玩具般的可爱,这就能从平凡中创造出美来。过去在大连海滨,一个孩子捡了几块石子送我,我至今宝爱,由于孩子的天真心灵和我的天真心灵交触在一起,美也就在这里萌生。法国雕塑家罗丹曾经说:"美是到处都有的,对于我们的眼睛,不是缺少美,而是缺少发现。"(《罗丹艺术论》)马克思也曾说:"你想得到艺术的享受,你本身就必须是一个有艺术修养的人。"(《1844年经济学哲学手稿》)人能结合幻想创造美,发现美,"人也按照美的规律来塑造物体",这正是马克思一句永恒的名言。

我曾见我的朋友艾青(是诗人也是画家),用水竹根做出一些可爱的玩具,有的如虫的蛹子,仿佛美丽的蝴蝶、蝉子就会从中解脱而出。我还见我的朋友黄永玉(是画家也是诗人),用刺梅根做出的不同样式的烟斗,花纹如动物的皮肤,他们的作品,都能代表他们的艺术风格与天真的思想。我所见到的马驷骥的一些根的艺术作品,也正是他常年行脚、寻找摄影对象的额外收获。

(1985年2月8日写于中日友好医院,该文曾发表于1983年《人民日报》和1986年《中国建设》英文版第3期。)

国家新闻出版广电总局
首届向全国推荐中华优秀传统文化普及图书

大家小书书目

国学救亡讲演录	章太炎 著 蒙木 编
门外文谈	鲁迅 著
经典常谈	朱自清 著
语言与文化	罗常培 著
习坎庸言校正	罗庸 著 杜志勇 校注
鸭池十讲（增订本）	罗庸 著 杜志勇 编订
古代汉语常识	王力 著
国学概论新编	谭正璧 编著
文言尺牍入门	谭正璧 著
日用交谊尺牍	谭正璧 著
敦煌学概论	姜亮夫 著
训诂简论	陆宗达 著
金石丛话	施蛰存 著
常识	周有光 著 叶芳 编
文言津逮	张中行 著
经学常谈	屈守元 著
国学讲演录	程应镠 著
英语学习	李赋宁 著
中国字典史略	刘叶秋 著
语文修养	刘叶秋 著
笔祸史谈丛	黄裳 著
古典目录学浅说	来新夏 著
闲谈写对联	白化文 著
汉字知识	郭锡良 著
怎样使用标点符号（增订本）	苏培成 著
汉字构型学讲座	王宁 著

诗境浅说	俞陛云 著	
唐五代词境浅说	俞陛云 著	
北宋词境浅说	俞陛云 著	
南宋词境浅说	俞陛云 著	
人间词话新注	王国维 著	滕咸惠 校注
苏辛词说	顾随 著	陈均 校
诗论	朱光潜 著	
唐五代两宋词史稿	郑振铎 著	
唐诗杂论	闻一多 著	
诗词格律概要	王力 著	
唐宋词欣赏	夏承焘 著	
槐屋古诗说	俞平伯 著	
词学十讲	龙榆生 著	
词曲概论	龙榆生 著	
唐宋词格律	龙榆生 著	
楚辞讲录	姜亮夫 著	
读词偶记	詹安泰 著	
中国古典诗歌讲稿	浦江清 著 浦汉明 彭书麟 整理	
唐人绝句启蒙	李霁野 著	
唐宋词启蒙	李霁野 著	
唐诗研究	胡云翼 著	
风诗心赏	萧涤非 著	萧光乾 萧海川 编
人民诗人杜甫	萧涤非 著	萧光乾 萧海川 编
唐宋词概说	吴世昌 著	
宋词赏析	沈祖棻 著	
唐人七绝诗浅释	沈祖棻 著	
道教徒的诗人李白及其痛苦	李长之 著	
英美现代诗谈	王佐良 著	董伯韬 编
闲坐说诗经	金性尧 著	
陶渊明批评	萧望卿 著	

古典诗文述略	吴小如 著	
诗的魅力		
——郑敏谈外国诗歌	郑　敏 著	
新诗与传统	郑　敏 著	
一诗一世界	邵燕祥 著	
舒芜说诗	舒　芜 著	
名篇词例选说	叶嘉莹 著	
汉魏六朝诗简说	王运熙 著	董伯韬 编
唐诗纵横谈	周勋初 著	
楚辞讲座	汤炳正 著	
	汤序波 汤文瑞 整理	
好诗不厌百回读	袁行霈 著	
山水有清音		
——古代山水田园诗鉴要	葛晓音 著	
红楼梦考证	胡　适 著	
《水浒传》考证	胡　适 著	
《水浒传》与中国社会	萨孟武 著	
《西游记》与中国古代政治	萨孟武 著	
《红楼梦》与中国旧家庭	萨孟武 著	
《金瓶梅》人物	孟　超 著	张光宇 绘
水泊梁山英雄谱	孟　超 著	张光宇 绘
水浒五论	聂绀弩 著	
《三国演义》试论	董每戡 著	
《红楼梦》的艺术生命	吴组缃 著	刘勇强 编
《红楼梦》探源	吴世昌 著	
《西游记》漫话	林　庚 著	
史诗《红楼梦》	何其芳 著	
	王叔晖 图	蒙　木 编
细说红楼	周绍良 著	
红楼小讲	周汝昌 著	周伦玲 整理

曹雪芹的故事	周汝昌 著	周伦玲 整理
古典小说漫稿	吴小如 著	
三生石上旧精魂——中国古代小说与宗教	白化文 著	
《金瓶梅》十二讲	宁宗一 著	
中国古典小说十五讲	宁宗一 著	
古体小说论要	程毅中 著	
近体小说论要	程毅中 著	
《聊斋志异》面面观	马振方 著	
《儒林外史》简说	何满子 著	
我的杂学	周作人 著	张丽华 编
写作常谈	叶圣陶 著	
中国骈文概论	瞿兑之 著	
谈修养	朱光潜 著	
给青年的十二封信	朱光潜 著	
论雅俗共赏	朱自清 著	
文学概论讲义	老舍 著	
中国文学史导论	罗庸 著	杜志勇 辑校
给少男少女	李霁野 著	
古典文学略述	王季思 著	王兆凯 编
古典戏曲略说	王季思 著	王兆凯 编
鲁迅批判	李长之 著	
唐代进士行卷与文学	程千帆 著	
说八股	启功 张中行 金克木 著	
译余偶拾	杨宪益 著	
文学漫识	杨宪益 著	
三国谈心录	金性尧 著	
夜阑话韩柳	金性尧 著	
漫谈西方文学	李赋宁 著	
历代笔记概述	刘叶秋 著	

周作人概观	舒芜 著	
古代文学入门	王运熙 著	董伯韬 编
有琴一张	资中筠 著	
中国文化与世界文化	乐黛云 著	
新文学小讲	严家炎 著	
回归,还是出发	高尔泰 著	
文学的阅读	洪子诚 著	
中国文学1949—1989	洪子诚 著	
鲁迅作品细读	钱理群 著	
中国戏曲	么书仪 著	
元曲十题	么书仪 著	
唐宋八大家 ——古代散文的典范	葛晓音 选译	
辛亥革命亲历记	吴玉章 著	
中国历史讲话	熊十力 著	
中国史学入门	顾颉刚 著	何启君 整理
秦汉的方士与儒生	顾颉刚 著	
三国史话	吕思勉 著	
史学要论	李大钊 著	
中国近代史	蒋廷黻 著	
民族与古代中国史	傅斯年 著	
五谷史话	万国鼎 著	徐定懿 编
民族文话	郑振铎 著	
史料与史学	翦伯赞 著	
秦汉史九讲	翦伯赞 著	
唐代社会概略	黄现璠 著	
清史简述	郑天挺 著	
两汉社会生活概述	谢国桢 著	
中国文化与中国的兵	雷海宗 著	
元史讲座	韩儒林 著	

魏晋南北朝史稿	贺昌群	著
汉唐精神	贺昌群	著
海上丝路与文化交流	常任侠	著
中国史纲	张荫麟	著
两宋史纲	张荫麟	著
北宋政治改革家王安石	邓广铭	著
从紫禁城到故宫 ——营建、艺术、史事	单士元	著
春秋史	童书业	著
明史简述	吴晗	著
朱元璋传	吴晗	著
明朝开国史	吴晗	著
旧史新谈	吴晗 著 习之	编
史学遗产六讲	白寿彝	著
先秦思想讲话	杨向奎	著
司马迁之人格与风格	李长之	著
历史人物	郭沫若	著
屈原研究（增订本）	郭沫若	著
考古寻根记	苏秉琦	著
舆地勾稽六十年	谭其骧	著
魏晋南北朝隋唐史	唐长孺	著
秦汉史略	何兹全	著
魏晋南北朝史略	何兹全	著
司马迁	季镇淮	著
唐王朝的崛起与兴盛	汪篯	著
南北朝史话	程应镠	著
二千年间	胡绳	著
论三国人物	方诗铭	著
辽代史话	陈述	著
考古发现与中西文化交流	宿白	著
清史三百年	戴逸	著

清史寻踪	戴逸 著	
走出中国近代史	章开沅 著	
中国古代政治文明讲略	张传玺 著	
艺术、神话与祭祀	张光直 著	
	刘静 乌鲁木加甫 译	
中国古代衣食住行	许嘉璐 著	
辽夏金元小史	邱树森 著	
中国古代史学十讲	瞿林东 著	
历代官制概述	瞿宣颖 著	
宾虹论画	黄宾虹 著	
中国绘画史	陈师曾 著	
和青年朋友谈书法	沈尹默 著	
中国画法研究	吕凤子 著	
桥梁史话	茅以升 著	
中国戏剧史讲座	周贻白 著	
中国戏剧简史	董每戡 著	
西洋戏剧简史	董每戡 著	
俞平伯说昆曲	俞平伯 著	陈均 编
新建筑与流派	童寯 著	
论园	童寯 著	
拙匠随笔	梁思成 著	林洙 编
中国建筑艺术	梁思成 著	林洙 编
沈从文讲文物	沈从文 著	王风 编
中国画的艺术	徐悲鸿 著	马小起 编
中国绘画史纲	傅抱石 著	
龙坡谈艺	台静农 著	
中国舞蹈史话	常任侠 著	
中国美术史谈	常任侠 著	
说书与戏曲	金受申 著	
世界美术名作二十讲	傅雷 著	

中国画论体系及其批评	李长之 著	
金石书画漫谈	启 功 著	赵仁珪 编
吞山怀谷		
——中国山水园林艺术	汪菊渊 著	
故宫探微	朱家溍 著	
中国古代音乐与舞蹈	阴法鲁 著	刘玉才 编
梓翁说园	陈从周 著	
旧戏新谈	黄 裳 著	
民间年画十讲	王树村 著	姜彦文 编
民间美术与民俗	王树村 著	姜彦文 编
长城史话	罗哲文 著	
天工人巧		
——中国古园林六讲	罗哲文 著	
现代建筑奠基人	罗小未 著	
世界桥梁趣谈	唐寰澄 著	
如何欣赏一座桥	唐寰澄 著	
桥梁的故事	唐寰澄 著	
园林的意境	周维权 著	
万方安和		
——皇家园林的故事	周维权 著	
乡土漫谈	陈志华 著	
现代建筑的故事	吴焕加 著	
中国古代建筑概说	傅熹年 著	
简易哲学纲要	蔡元培 著	
大学教育	蔡元培 著	
	北大元培学院 编	
老子、孔子、墨子及其学派	梁启超 著	
春秋战国思想史话	嵇文甫 著	
晚明思想史论	嵇文甫 著	
新人生论	冯友兰 著	

中国哲学与未来世界哲学	冯友兰 著	
谈美	朱光潜 著	
谈美书简	朱光潜 著	
中国古代心理学思想	潘菽 著	
新人生观	罗家伦 著	
佛教基本知识	周叔迦 著	
儒学述要	罗庸 著	杜志勇 辑校
老子其人其书及其学派	詹剑峰 著	
周易简要	李镜池 著	李铭建 编
希腊漫话	罗念生 著	
佛教常识答问	赵朴初 著	
维也纳学派哲学	洪谦 著	
大一统与儒家思想	杨向奎 著	
孔子的故事	李长之 著	
西洋哲学史	李长之 著	
哲学讲话	艾思奇 著	
中国文化六讲	何兹全 著	
墨子与墨家	任继愈 著	
中华慧命续千年	萧萐父 著	
儒学十讲	汤一介 著	
汉化佛教与佛寺	白化文 著	
传统文化六讲	金开诚 著	金舒年 徐令缘 编
美是自由的象征	高尔泰 著	
艺术的觉醒	高尔泰 著	
中华文化片论	冯天瑜 著	
儒者的智慧	郭齐勇 著	
中国政治思想史	吕思勉 著	
市政制度	张慰慈 著	
政治学大纲	张慰慈 著	
民俗与迷信	江绍原 著	陈泳超 整理

政治的学问	钱端升 著 钱元强 编
从古典经济学派到马克思	陈岱孙 著
乡土中国	费孝通 著
社会调查自白	费孝通 著
怎样做好律师	张思之 著 孙国栋 编
中西之交	陈乐民 著
律师与法治	江 平 著 孙国栋 编
中华法文化史镜鉴	张晋藩 著
新闻艺术(增订本)	徐铸成 著
经济学常识	吴敬琏 著 马国川 编
中国化学史稿	张子高 编著
中国机械工程发明史	刘仙洲 著
天道与人文	竺可桢 著 施爱东 编
中国医学史略	范行准 著
优选法与统筹法平话	华罗庚 著
数学知识竞赛五讲	华罗庚 著
中国历史上的科学发明(插图本)	钱伟长 著

出版说明

"大家小书"多是一代大家的经典著作,在还属于手抄的著述年代里,每个字都是经过作者精琢细磨之后所拣选的。为尊重作者写作习惯和遣词风格、尊重语言文字自身发展流变的规律,为读者提供一个可靠的版本,"大家小书"对于已经经典化的作品不进行现代汉语的规范化处理。

提请读者特别注意。

北京出版社